AF233761

CURIOSITÉ

ET

INDISCRÉTION.

IMPRIMERIE ANTH^E. BOUCHER, RUE DES BONS-ENFANS, N°. 34.

CURIOSITÉ

ET

INDISCRÉTION.

Par M. FOURNIER VERNEUIL.

> Publier sa pensée lorsqu'elle peut
> intéresser le bien commun, n'est pas
> seulement un droit, c'est un devoir.

A PARIS,

CHEZ TOUS LES MARCHANDS DE NOUVEAUTÉS.

1824.

PRÉFACE.

Lecteur,

Ne va pas croire que l'auteur de ce livre soit un de nos quarante immortels, ou un prétendant au siége académique; qu'il soit même un de ces hommes qui font métier de limer des phrases *qui sentent l'huile ;* il n'a ni ne veut avoir le docte privilége d'être homme de lettres, de faire élégamment et correctement vingt-cinq volumes pour ne rien dire (1), d'offrir à ses lecteurs du nectar de fabrique qui barbouille l'âme

---

(1) Écrire par jeu, par intérêt ou par oisiveté, comme Tityre siffle ou joue de la flûte.

et dessèche l'imagination ; c'est tout bonnement un paysan qui offre le vin de son
crû, et qui ne s'est même pas donné la
peine de lui ôter le goût du terroir : c'est
un de ces hommes qui préfèrent une bouteille de bonne piquette à un tonneau de
Madère composé par Chaptal.

CURIOSITÉ

ET

INDISCRÉTION.

CHAPITRE PREMIER.

JE suis né en province, de parens vivant dans une honnête médiocrité. Un bénédictin, le père Lestrade, me donna, par amitié pour mes parens, mes premières leçons de latin ; j'avais mes entrées à toute heure dans le couvent, parce que mon père était chargé des affaires contentieuses de la communauté ; d'ailleurs les moines m'aimaient beaucoup, mon jargon, mes espiègleries les amusaient. La révolution commençait, j'avais neuf ans ; curieux à l'excès, j'écoutais assidûment toutes les nouvelles, je lisais même le journal, et c'était par moi que ces bons pères apprenaient les progrès d'une révolution qui devait commencer par leur destruction.

Il n'y avait parmi ces pères qu'un seul philosophe; c'est dans sa chambre et sous ses yeux que j'ai lu le *Compère Mathieu*, les *Lettres Persannes* et le *Contrat-Social*. Il riait de l'ardeur que je mettais à dévorer cette lecture; et tout en me disant que je ne pouvais y rien comprendre, il me recommandait sévèrement de ne pas en parler au père Lestrade, qui assurément n'était pas philosophe.

Un jour que le père Rousseau était à l'office divin, j'entrai furtivement dans sa chambre; j'ouvre sa bibliothèque et je prends un volume de Voltaire; je vais me cacher dans une allée du vaste jardin de la communauté pour jouir de mon larcin. J'ouvre ce fatal volume, et le hasard me conduit sur la lettre que M. de Voltaire écrivait à M. de Chauvelin le 2 avril 1764. Les expressions de M. de Voltaire ne se sont pas effacées de ma mémoire, les voici :

« Tout ce que je vois jette les semences d'une
» révolution qui arrivera immanquablement, et
» dont je n'aurai pas le plaisir d'être témoin. Les
» Français arrivent tard à tout, mais enfin ils
» arrivent. La lumière s'est tellement répandue
» de proche en proche, qu'on éclatera à la pre-
» mière occasion, et alors ce sera un beau tapage.
» *Les jeunes gens sont bien heureux*, ils verront
» bien des choses. »

(9).

Ces jeunes gens bien heureux faisaient travailler ma petite intelligence, lorsque je fus surpris par une voix de Stentor ! « Que fais-tu là ? —Je lis.—Quoi?—Un volume de Voltaire.—Où l'as-tu pris ? » Je balbutiai. Le père prieur don Sizan, car c'était lui, me regarde avec colère, me menace, et puis radoucissant sa voix, il me proposa de me laisser prendre des fruits dans le potager tous les jours et tant que je voudrais si je voulais lui dire la vérité. J'avouai tout, même la lecture du *Compère Mathieu*; il me prit la main et me conduisit au réfectoire. Assembler tous les frères, faire chercher mon père dans la ville et le trouver, fut l'affaire d'un moment. Ce don Sizan était un homme d'une stature colossale, homme d'esprit, très violent; je l'entends encore prêcher contre le philosophisme. Sa harangue dura au moins une heure ; la colère l'étouffait, il s'assit en criant : « Tout est perdu ! » Mon père, qui ne manquait pas de finesse dans l'esprit, souriait; don Rousseau, qui était un homme de vingt-cinq ans alors, riait aux éclats, et les autres frères priaient Dieu. Le soir même le prieur fut frappé d'apoplexie et mourut.

Cette première scène ne me corrigea pas, je trouvai moyen de me glisser de nouveau chez le père Rousseau; j'ai eu lieu de me convaincre depuis qu'il favorisait mes larcins ; je lui pris

un volume des *Femmes galantes* de Brantôme :
ce nom de Brantôme devait me frapper ; c'était
le nom du couvent et de ma petite ville. Je n'entendais pas les malices de l'abbé historien ; aussi
m'empressai-je de montrer le volume à mon
professeur le père Lestrade, qui m'expliqua ce
qu'était l'historien Brantôme, en ajoutant : « Je
savais bien qu'il avait écrit l'histoire de nos rois ;
mais j'ignorais qu'il eût fait des *Femmes galantes.* »

Je servais la messe de mon professeur, et le
bon père prononçait l'*Orate Fratres* lorsque
j'entendis à mes côtés quelqu'un dire qu'il y avait
sur la place un vainqueur de la Bastille ; je laissai le bon père, la bouche béante et la phrase
en l'air, et je courus voir ce qu'on appelait un
héros.

C'était un de ces hommes qui profitent de la
victoire sans avoir couru les dangers qui la procurent honorablement : grand bavard, d'un physique ignoble ; mais il avait un habit d'uniforme,
une cocarde tricolore, et une médaille sur laquelle était un faisceau de chaînes brisées, avec
cette légende : *La Liberté conquise !* à l'exergue :
14 *juillet* 1789. Une épée surmontée d'une couronne de laurier et de chêne, avec cette inscription :

Ignorant ne datos, ne quisquam serviat enses ?

J'expliquai cette inscription sur la place publique ; je la traduisis ainsi :

« Ignorent-ils que les armes sont données contre la
» servitude ? »

Je n'avais que dix ans, et je venais de remporter une victoire classique sur mes compatriotes : la grande majorité exalta mes dispositions précoces ; mais je connais des hommes qui ne m'ont pas pardonné ce petit triomphe. La sottise a des replis d'amour-propre qui sont impénétrables.

Pendant que j'expliquais la légende, le père Lestrade portait ses plaintes à ma grand'mère ; j'arrivai pour dîner, et je trouvai toute la famille réunie ; mon père et ma tante se disputaient à qui m'embrasserait le premier ; ma mère me gronda sévèrement ; ma grand'mère et le père Lestrade pleuraient ; leurs larmes me touchèrent plus que les caresses qu'on me prodiguait. Je promis de servir désormais la messe du professeur sans distractions, et je lui ai tenu parole, car, au plus fort de la terreur, je lui rendais ce service dans sa chambre. Bons parens, excellent professeur, quelle tendresse vous aviez pour moi ! Je n'ai pas été ingrat, et cette pensée m'a toujours consolé au milieu des vicissitudes que le sort me réservait.

Don Rousseau me fit copier une chanson qui commençait ainsi :

> « Sortez tous de vos couvens ;
> » Plus de monastères :
> » Allez tous gaillardement
> » Vous marier à présent. »

Il m'apprit l'air ; j'avais de la voix, il m'engagea à la chanter devant le père Lestrade. Quels conseils ! quels exemples ! Hommes, les enfans vous imitent !

Je ne me lassais pas de lire les séances de l'Assemblée constituante ; j'étais le lecteur en titre des politiques de la petite ville ; ils étaient tous patriotes en 1789. Le Périgord était un pays d'inféodation ; il n'y avait pas un pouce de terrain qui ne relevât d'un seigneur et qui ne fût soumis à une rente féodale. Les moines n'étaient pas aimés ; indépendamment de leurs droits honorifiques, ils se glissaient dans les familles ; on signalait les femmes dont la toilette était payée par la caisse des révérends pères. La noblesse pauvre avait émigré en masse ; en sorte que le tiers-état se trouvant maître du terrain, la révolution n'éprouva aucune espèce d'opposition.

Mes lectures journalières effrayaient mon professeur ; il ne signalait Paris que sous les noms de *Ninive* ou de nouvelle *Babylone*. Quoique mon père ne partageât pas ses opinions, il avait cependant beaucoup de déférence pour ses avis. On parla de me mettre en pension, et trois jours après j'étais au collége.

Je tombai de Carybde en Scylla : quand j'arrivai à Périgueux le collége qui avait appartenu anciennement aux jésuites, était sous la conduite de pères oratoriens. Plusieurs d'entre eux se faisaient remarquer déjà par leurs opinions exaltées. On m'admit dans la classe de quatrième, que professait le père Delmas. Ce père était jeune homme, beau parleur, d'un beau physique ; il avait le talent de ramener toutes nos leçons aux événemens de l'époque ; dans sa bouche, Cicéron parlait comme Mirabeau, et Virgile préludait au républicanisme.

L'année suivante je passai en troisième, et j'eus pour professeur le père Dorville, qui était en tout opposé au père Delmas. Je n'oublierai jamais les conseils et les soins que j'ai reçus de cet homme estimable, même après la fermeture du collége, qui eut lieu vers la fin de 1792. Il me disait souvent : « Il ne faut pas juger des hommes comme d'un tableau, sur une seule et première vue : il y a un intérieur qu'il faut approfondir ; si le voile de la modestie couvre le mérite, le masque de l'hypocrisie cache la scélératesse. »

Il était temps de fermer le collége ; nous avions cassé toutes les vitres pour en avoir les plombs et faire des balles. Au lieu de leçons de latinité on nous faisait faire l'exercice du fusil dès cinq heures du matin. Delmas avait jeté le froc aux orties et partait comme officier dans un bataillon de volontaires. Je crois que ce Delmas est mort lieutenant-général à la bataille de Lutzen. Les écoliers qui avaient l'âge et la taille requise s'enrôlèrent ; d'autres émigrèrent ; et moi, qui n'avais pas encore treize ans, je reçus l'humiliant affront d'un refus ; trois fois je m'offris, et trois fois je fus repoussé ; je voulus enfin partir en qualité de tambour ; un de mes parens en fut instruit à temps, m'enferma, et m'entraîna passer deux mois à sa campagne.

Il faut que je dise quel était ce parent.

M. de La Charmie, lieutenant-criminel du Périgord et député aux États-généraux, descendait de la branche aînée de ma famille ; l'un de mes aïeux, Auvergnat et chaudronnier (l'un ne va pas sans l'autre), après avoir gagné de la fortune, voulut décrasser l'un de ses enfans ; il usa du droit d'aînesse, donna tout à l'un et rien à l'autre. La nature en usa tout autrement, car mon père, petit-fils du déshérité, était un homme d'esprit, et M. de La Charmie, fils de l'enfant préféré, n'était qu'un sot. Ce M. de La Charmie était vieux garçon, j'étais son héritier naturel ; il avait des vues sur moi, et sans la révolution j'aurais

sans doute appliqué nos anciennes lois criminelles à mes pauvres compatriotes : le ciel en a
décidé autrement, et je lui en rends grâces. Il
fallait toute l'épaisseur de M. de **La Charmie** pour
s'acquitter d'une pareille mission sans éprouver
de scrupules.

Ce lieutenant-criminel avait gagné à la Constituante le surnom de F.... le *dormeur*; patriote
en 1789, parce qu'il n'était qu'un parvenu et que
l'ancienne noblesse du Périgord l'humiliait, il
n'eut pas assez de force pour soutenir la gageure;
peut-être aussi, à l'aide de son lourd bon sens,
prévit-il les malheurs qui allaient fondre sur la
France : soit par un motif ou par l'autre, il était
redevenu, dès la fin de 1792, un ultra digne de
dormir au côté droit (1).

Sauf les heures consacrées à son sommeil, nous
disputions toute la journée. Voyez-vous un enfant
de treize ans luttant contre un homme qui en
avait alors près de soixante ? il soutenait l'abbé
Maury et Cazalès, contre les opinions desquels il
avait voté pendant toute la session de la Constituante; je lui répondais à l'aide des harangues
de Mirabeau que je savais par cœur, Barnave (2),

---

(1) Je dis côté droit, comme je dirais côté gauche. Je
classe et je ne juge pas.

(2) Des âmes basses ne croient point aux grands hom-

l'évêque de Langres, Bailly, Lalli-Tollendal, et
les discours de la couronne au besoin, étaient
autant d'arsenaux que j'avais à ma disposition ;
mais où je vis frémir cette lourde machine criminelle, ce fut au moment où, encore enivré de
l'aurore de la révolution, je lui fis la peinture de
la nuit du 4 août, l'enthousiasme et les opinions
émises par les hommes les plus illustres des trois
ordres réunis en assemblée nationale (1). Le
pauvre homme, il y avait assisté et il ne s'en dou-
tait pas ; il m'écoutait, me regardait fixement et
n'osait pas me répondre. Sa sœur, vieille religieuse qui sortait de son couvent, et qui tricotait
dans un coin du salon, s'écria : *Jesus Maria !*
ce n'est pas votre neveu qui parle, c'est Satan
qui l'inspire ; car comment peut-il savoir ces

mes : de vils esclaves sourient d'un air moqueur au mot
liberté.

(1) Les lois s'étaient affaiblies en vieillissant ; il n'y
avait plus de pouvoir législatif dans l'ancien gouvernement ; il était mort.

« Le principe de la vie politique est dans l'autorité
» souveraine ; la puissance législative est le cœur de
» l'État ; la puissance exécutive en est le cerveau qui
» donne le mouvement à toutes les parties. Le cerveau
» peut tomber en paralysie et l'individu vivre encore.
» Un homme reste imbécille et vit ; mais sitôt que le
» cœur a cessé ses fonctions, l'animal est mort. »

choses-là, puisqu'il n'a jamais été à Paris et qu'il n'est pas sorti de son collège? Le pauvre homme cherchait à m'appaiser, il ne disputait plus, il me montrait ses lettres de noblesse et faisait luire à mes yeux sa fortune, qui était considérable pour la province. Je ne pus m'empêcher de lui rire au nez lorsqu'il déroula son parchemin, que j'appelai devant lui une savonnette à vilain.

Le lendemain la discussion recommença, mais nous restâmes d'accord; il soutenait le *veto* absolu, je fus de son avis, parce que c'était l'opinion de Mirabeau. Trente ans d'expérience ont dû prouver aux plus incrédules que Mirabeau avait raison ce jour-là.

Je restai une quinzaine de jours encore avec M. de La Charmie; nous ne parlions plus politique, nous jouions au billard; je crus m'apercevoir que la religieuse ne m'était pas favorable, tout en me comblant de caresses, et je retournai au giron maternel.

Je me hâtai de raconter à mon père mes discussions avec le lieutenant-criminel; mon père, qui avait de bonnes raisons pour ne pas l'aimer, m'applaudissait; mais ma mère, plus raisonnable que nous, nous dit, avec un ton prophétique : « Riez, mes amis, faites de l'esprit; il vous coûtera cher celui-là. » Ma mère voyait juste dans cette circonstance, et ce n'est pas la seule fois.

(18)

Je revins à mes moutons. Mon vieux professeur m'accueillit les larmes aux yeux et me continua ses tendres soins. Le père Lestrade abhorrait la révolution et ses principes. Il y a dans quelques hommes une certaine médiocrité d'esprit qui contribue à les rendre sages ; le père Lestrade était un de ces hommes, mais il était bon latiniste, avait le sens droit, et développait avec autant de charmes les beaux vers de Virgile qu'il mettait d'onction à raconter les merveilles de l'Ancien-Testament. Il pleurait en expliquant le *Fortunate senex* (1) de la troisième églogue ; il fondait en larmes en prononçant ce vers si plein de grâce : *Dulces moriens reminiscitur argos* (2), non que les malheurs des Grecs l'attendrissent, mais ce vers lui rappelait la captivité de Babylone, les lyres muettes suspendues aux saules du rivage, l'hébreu pleurant ses infidélités et redemandant Jérusalem ; et Rachel, *vox in rama Rachel plorans filios suos* (3). Cette dernière pensée le suffoquait, et la leçon était finie.

J'aimais les leçons du bon père, mais j'aimais aussi les philosophes ; j'étais chrétien de bonne

---

(1) Heureux vieillard.

(2) Tourne encore en mourant les yeux vers sa patrie.

(3) Rachel redemandant ses fils.

foi et je l'ai toujours été (1) ; ma grand'mère, chez laquelle s'était retiré le vénérable père depuis la suppression des monastères, ne me parlait que des huguenots, et cherchait à m'effrayer en me répétant sans cesse que je marchais comme eux dans des voies *de perdition*. Il me fallut combattre, sans les blesser, ces deux respectables personnes. Mon père avait une assez bonne biblio-

----

(1) Je ne puis comprendre à quoi peuvent servir les questions et les controverses théologiques ; mon intelligence ne va pas jusque-là ; après avoir lu le livre de l'*Indifférence*, je cherche vainement le point du litige entre M. Barton et l'abbé de la Mennais.

César, plaidant pour Catilina, tâchait d'établir le dogme de la mortalité de l'âme ; Caton et Cicéron ne s'amusèrent point à faire de la théologie ; ils se contentèrent de montrer que César parlait en mauvais citoyen et avançait une doctrine pernicieuse à l'état. J'aperçois ici le litige, et je vois la question soumise à la décision du sénat nettement posée.

Nos théologiens craindraient-ils de déroger en imitant Cicéron, et ne pourrions-nous pas avoir un sénat chargé de décider si tel ou tel livre théologique est pernicieux à l'État ? J'aimerais autant, et même mieux, ce mode de procéder, que des destitutions et des articles de jésuites.

J'ai vu quelque part que nous en revenions aux appels *comme d'abus :* quelle pitié ! les jésuites iront leur train et laisseront faire ; si nous n'avons que les appels comme d'abus, pour les arrêter, ils nous mèneront loin.

théque, non qu'elle fût considérable, mais il y avait de bons livres, il y en avait aussi de détestables, tels que *le Système de la Nature* et les *OEuvres de Lamétrie*; ces deux autorités ne m'allaient pas, et quoique je les eusse lues avec attention, la nature protestait en moi contre leur effroyable doctrine. *La profession de foi du vicaire savoyard* vint à mon secours; je la lus, je la relus dix fois; je la savais de mémoire, j'en accablai le bon père Lestrade; je l'avais dérouté, il m'abandonna le champ de bataille, en disant mystérieusement à ma grand'mère: « Il n'y a plus d'espoir, le siècle nous l'enlève. » Ma grand'mère ne put pas survivre à la certitude d'un pareil malheur : cinq jours après elle avait cessé de vivre; son agonie fut longue et douloureuse, et ses dernières paroles, comme ses derniers vœux, furent pour Dieu et son petit-fils. Ame honnête et charitable, pardonnez-moi les chagrins que je vous ai causés! ils furent involontaires.

L'assemblée constituante venait de supprimer les noms de terres que plusieurs de ses membres portaient, et ces noms devaient être remplacés par les noms patronimiques; j'en fus dérouté; je ne reconnaissais plus mes héros : Riquetti l'aîné ne présentait pas à mon esprit le comte de Mirabeau. Je concevais bien l'abolition de la noblesse féodale, mais je ne concevais pas que la société pût exister sans supériorités, et puisque l'histoire ancienne n'était remplie que de noms illustres que la renommée avait transmis jusqu'à nous, je demandais à mon professeur pourquoi les hommes illustres de la constituante se dépouillaient, sans nécessité, du nom de leurs aïeux. Il me répondit froidement : « Vos héros perdent la tête, ils démolissent tout et ne construisent rien ; la France ne peut pas exister sans noblesse et sans clergé ; les noms ne font rien aux choses : Rome avait des patriciens et des pontifes qui pesaient autant dans leur ordre social que la noblesse et le clergé pèsent dans le nôtre. — Je vous conçois très bien, lui répliquai-je, mais l'objet important pour la nation française, c'est que le mérite, les talens et les services puissent élever aux premiers rangs de l'État. — Et d'où sortaient Bossuet, Richelieu, Fléchier, Bourdaloue et l'abbé Maury lui-même ? » me répondit mon professeur ; « et les papes, de quel bois sont-ils faits ? regarde-t-on à leur origine ? Sixte-Quint avait été pâtre, Pierre l'hermite, saint François, et..... et...... » Je l'arrêtai en lui disant : « Vous avez raison, mon père, pour ce qui concerne le clergé ; je conçois très bien que les Bossuet n'arrivent pas dans ce monde par ordre de primogéniture et en s'appuyant sur des parchemins comme ceux de M. de La Charmie, mais

pour la noblesse, c'est toute autre chose ; elle
ferme la porte au tiers-état, à deux ou trois excep-
tions près, que nous montrent Catinat et Che-
vert ; encore, par quelles humiliations leur fit-
on expier leurs victoires ? — Vous avez raison,
me dit-il, cette porte était trop étroite, et pour
n'avoir pas voulu l'élargir, la noblesse la voit dé-
molir par un torrent qu'aucune puissance humaine ne peut arrêter (1). Mais ne vous y trompez pas, les principes d'une égalité abstraite sont

____

(1) « C'est une étrange et longue guerre que celle où
» la violence essaie d'opprimer la vérité ; tous les efforts
» de la violence ne peuvent affaiblir la vérité, et ne servent
» qu'à la relever davantage. Toutes les lumières de la
» vérité ne peuvent rien pour arrêter la violence, et ne
» font que l'irriter encore plus. Quand la force combat
» la force, la plus puissante détruit la moindre : quand
» on oppose des discours aux discours, ceux qui sont
» véritables et convaincans confondent ceux qui n'ont
» que la vanité et le mensonge ; mais la violence et la
» vérité ne peuvent rien l'une sur l'autre. Qu'on ne pré-
» tende pas de là, néanmoins, que les choses soient
» égales : car il y a cette extrême différence que la vio-
» lence n'a qu'un cours momentané, au lieu que la vérité
» subsiste éternellement, et triomphe enfin de ses en-
» nemis, parce qu'elle est éternelle et puissante comme
» Dieu même. »

J'ai souvent eu occasion, dans le cours de ma vie, de
reconnaître la justesse de ces divines paroles ! Courage,

impraticables , et vous verrez des pâtres monter sur des trônes, comme nous avons vu Sixte-Quint arriver au Saint-Siége. Étrange bizarrerie des choses d'ici-bas, au moment où ma leçon finissait, mon oncle, un frère de ma mère, qui venait de s'enrôler, entrait ayant Murat sous le bras.

Murat ne fit sur moi aucune espèce d'impression, quoiqu'il ne fût pas sans instruction, comme on s'est complu à le répandre; il venait de quitter le petit collet et avait professé la sixième au collége de Toulouse. Sa langue politique n'était pas celle que je parlais; ces messieurs allaient faire partie de la garde constitutionnelle du Roi, et leur langage ne m'aurait pas inspiré une grande confiance dans leurs services si j'avais été roi de France.

Mirabeau mourut (1); il était mortel; sa mort n'étonna personne dans ma petite ville ; on lui dressa un magnifique mausolée ; quelques prières parurent suffisantes pour la célébration

---

défenseurs de nos libertés nationales, vous êtes la vérité ; une seule bouche éloquente suffira pour la faire entendre. Le nombre qui se range sous le drapeau de la violence n'est qu'un; c'est toujours la violence d'un côté et la vérité de l'autre.

(1) Pallida mors æquo pulsat pede pauperum tabernas , regumque turres.

des funérailles d'Achille. L'esprit de modération, et une certaine sagesse dans la conduite, laissent les hommes dans l'obscurité ; il leur faut de grandes vertus pour être admirés, ou peut-être de grands vices.

CHAPITRE II.

Nos patriam fugimus.
« Nous fuyons notre patrie. »

Sterne, dans un de ses écrits, voulant dérober quelque chose à son lecteur, n'offre à sa vue qu'une page noire. J'aurais aussi beaucoup de pages noires à offrir, mais en prenant la plume pour écrire des mémoires, je me suis imposé l'obligation de dire la vérité, et surtout de ne dire que ce que j'ai vu, *de mes propres yeux vu.*

Le départ de mon oncle fut la cause d'un voyage que mon père et moi fîmes à Périgueux; nous mîmes pied à terre, comme de coutume, à l'auberge du *Chêne-Vert.* En sortant de l'écurie, j'entends mon père s'écrier : « Ah! c'est toi, Vergniaud, » et je vois au même instant deux hommes qui s'embrassent avec toute l'effusion de l'amitié. J'avais souvent entendu mon père parler de Vergniaud comme de l'avocat célèbre auquel il adressait les procès que nos moines avaient à soutenir devant le parlement de Bordeaux; mais j'ignorais que Vergniaud était né sur la frontière qui sépare le Périgord du Limousin, et que mon père et lui fussent amis de l'enfance.

Le soir, les deux amis soupèrent ensemble, mais ils n'étaient pas seuls ; cinq autres députés de la Gironde, dont je ne me rappelle pas les noms, si ce n'est celui de Ducos, et moi, formâmes ce petit banquet, qui s'est si profondément gravé dans ma mémoire. Jamais je n'avais entendu tant d'esprit, de bons mots et d'heureuses saillies. Que de projets ! quelle abondance de nobles pensées ! quel charme d'élocution ! C'étaient six frères réunis par la plus étroite amitié. J'admirais surtout ce jeune Ducos, porteur d'une physionomie si heureuse et dont chaque mouvement décélait la générosité d'une belle âme. A la fin du repas, j'entendis mon père qui s'entretenait avec Vergniaud dans l'embrasure d'une croisée : « Sais-tu, lui disait-il, que si vos projets s'accomplissent vous allez tout bouleverser ? j'ai bien peur qu'on ne vous pende *là-bas.* » Ce mot pendre me fit frémir. Quelle prophétie !

Mon oncle, Murat, et tant d'autres, partirent pour leurs diverses destinations, et moi je rentrai dans ma petite ville, auprès de mon père Lestrade, qui me revoyait toujours avec plaisir, malgré les chagrins que lui causait mon entraînement vers les idées nouvelles.

Le mobilier des moines fut vendu publiquement; mon père y acheta la collection du *Mercure* tout entière; *l'Histoire Ancienne*, par Rol-
lin; celle du *Bas-Empire*, par Crévier; *l'Histoire de France* de Mézerai; celle de l'abbé
Millot; les *OEuvres complètes de Marmontel,
Condillac, le Voyage d'Anacharsis* et *les OEuvres de Montesquieu*, y compris le *Temple de
Gnide*. Il y acheta également un portrait en pied
du roi Louis XV, qui, trois ans plus tard, faillit
lui coûter la vie.

Je dansai de plaisir en voyant tous ces livres;
je les lus tous dans l'ordre où je viens de les
énumérer; je ne fis grâce à aucun, j'avais soif de
lecture. Ma mémoire, qui a toujours été très
grande, me secondait merveilleusement pendant
que je lisais le *Mercure*; aucune pièce de vers
ne m'échappait, et mon père avait acquis la certitude que tous les soirs je pouvais lui servir des
vers nouveaux; c'était son dessert habituel :
« Allons, petit, que chante le *Mercure* aujour-
d'hui? »

Mes lectures me firent oublier les événemens
politiques; je restai plus d'un an sans lire un
journal; la terrible catastrophe de la mort du
Roi ne fit qu'une faible diversion à mes habitudes journalières, sans doute parce que ayant

glacé d'effroi toutes les âmes qui pouvaient en être affectées, elles prirent le parti de se taire. Je lisais, je jouais aux barres et je recevais les leçons de latin que voulait bien me donner mon révérend père. D'ailleurs quelles distractions peut-on se donner dans la partie du Périgord où je suis né? des rochers nus, des vallons qui ont à peine une portée de fusil de largeur, quelques châtaigniers et l'absence de toute communication. Les habitans sont presque aussi tristes que le sol qui les vit naître ; un sol ingrat exige de grands soins, et chaque habitant, même le plus aisé, ne peut se dispenser de consacrer sa vie à la culture ou à la surveillance de ses champs *froids*, pour me servir de l'expression locale.

Un jour, c'était dans la saison des foins, j'étais assis contre une meule pour empêcher que les bœufs n'en approchassent pendant que les ouvriers prenaient leur repas, j'avais, assis à côté de moi, le père Rome, l'un de nos anciens moines : c'était un de ces gais humains que rien ne peut attrister ; il passait sa vie à jouer de la flûte et à vider sa bourse dans la main de chaque pauvre qu'il rencontrait. Je tenais un Virgile à la main, et je priais le moine de m'aider à traduire le passage des *Géorgiques* qui commence par ce vers : « *Pascitur in magna sylva for-*

mosa juvenca. » Le bon père tira sa montre en me disant : « Il est midi, je rentre pour dîner. » J'ai toujours cru que le bon père Rome était plus fort sur la flûte que sur ses classiques. Je le saluai, et je repris ma place près de la meule de foin.

Je quittai les *Géorgiques*, et machinalement j'ouvris le livre : à la première églogue que je me mis à déclamer tout haut, lorsque j'arrivai à *Nos patriam fugimus*, une voix entrecoupée par des sanglots répéta derrière la meule, avec un accent plein de mélancolie : « Ah ! oui, *nos patriam fugimus.* » Je me levai rapidement, et je vis un homme de vingt-six ans baigné de larmes ; son regard me pénétra, et nous restâmes au moins cinq minutes à nous considérer l'un l'autre.

Il avait une figure superbe, des yeux d'une douceur angélique, le nez un peu bombé, la barbe très longue, un chapeau en cône tronqué, un habit couleur serin avec des boutons d'acier, un gilet à fleurs, une culotte de casimir vert tendre avec des boutons de nacre, des bas de soie couleur de serpent, des souliers pointus et très découverts avec une élégante boucle d'argent ; sa chemise, le jabot et les manchettes étaient presque de la couleur de son chapeau.

Après l'avoir eu bien examiné, je lui adressai la parole pour lui demander qui il était ; il me répondit avec un accent qui me bouleverse encore : « Je suis proscrit, je suis Girondin ! » A ce mot de girondin, je sortis de la léthargie politique dans laquelle j'étais depuis un an ; je me rappelai le souper du *Chéne-Vert*, et je me jetai dans les bras de ce malheureux, aussi ému et versant plus de larmes que lui. Nos bras étaient entrelacés et ma tête appuyée sur sa poitrine depuis un quart d'heure, lorsque le domestique de mon père vint à nous, et me dit dans son langage périgourdin : *Jauné Moussur, vostendent per dinas.* « Jeune Monsieur, on vous attend pour dîner. »

Je me relevai et je priai le domestique, *Jean Nourrit,* de garder le plus profond secret sur ce qu'il venait de voir. Ce pauvre Jean m'était tout dévoué ; il était dans la maison de ma mère avant que je ne vinsse au monde, et il y est encore. Ce sont de ces serviteurs qui s'immobilisent dans nos maisons, qui y vivent et y meurent ; on ne connaît pas à Paris cette espèce d'hommes. Je fus chercher des alimens que le proscrit dévora.

Après m'avoir comblé de remercîmens, il me supplia de lui procurer trois heures de sommeil.

Je lui fis arranger de la paille au-dessus de la crèche des bœufs; et au lieu de trois heures de sommeil qu'il m'avait demandées, je lui en accordai cinq.

J'installai mon proscrit dans cette affreuse Thébaïde; il y avait un méchant lit de paysan, une cruche d'eau et de la paille. L'avoir mis à l'abri était déjà beaucoup; mais le nourrir en pleine disette, comme nous étions, était excessivement difficile, non que le pain manquât chez ma mère, mais, contre son habitude, elle prenait garde à la consommation : c'était seulement par pure prévoyance.

Je laissai reposer mon girondin, et je le quittai à sept heures du soir sans lui avoir fait aucune espèce de question ; mais en revanche j'étais à sa porte le lendemain à quatre heures du matin ; j'avais maraudé toute la nuit. Jean, qui m'accompagna , était chargé de provisions.

Je lui proposai de faire sa barbe ; j'avais eu soin de me munir d'un rasoir et de savon, quoiqu'alors ces meubles me fussent complètement inutiles; il refusa. Cependant sa longue barbe contrastait singulièrement avec la recherche élégante de son costume. Je lui offris une chemise et une cravate de Sirsaca qu'avait laissée mon oncle en partant; il les accepta en ayant soin

d'en faire disparaître les marques. Nous brû-
lâmes la chemise et la cravate qu'il venait de
quitter.

Après avoir lavé ses pieds dans l'auge et fini
sa toilette, ce que je n'avais jamais vu faire, car,
soit dit sans malice, Messieurs du Périgord dé-
daignent de descendre jusqu'à des détails si
minutieux, il m'adressa la parole.

« Bon et excellent jeune homme, me dit-il,
qu'après avoir connu le malheur on daigne y
compâtir, *non ignara mali, miseris succurrere
disco :* je le conçois; mais vous, à peine adoles-
cent, heureux dans vos âpres climats, que vous
exposiez votre vie pour sauver un infortuné, c'est
une vertu bien précoce, et c'est ce qui m'étonne.
— Il se faut entr'aider, c'est la loi de nature,
lui répondis-je. — Oui, s'entr'aider, c'est juste,
et le fabuliste a raison; mais exposer sa vie, peut-
être même celle de vos parens, c'est dépasser le
précepte.— Mes parens ne peuvent pas être pas-
sibles d'un fait qu'ils ignorent; et si en vous se-
courant je commets un crime politique, je dois
être le seul coupable, et conséquemment le seul
puni. » J'avais lu Montesquieu, et quoique je
n'eusse pas encore mis le nez dans le droit qui régit
le mur *mitoyen ou le stillicide*, je sentais déjà
les grands principes du juste et de l'injuste.
« Désabusez - vous, jeune homme, répliqua le

proscrit;» et prenant un air grave, il m'apprit ce que je ne savais pas encore, la lutte de la Gironde contre la Montagne, le triomphe de celle-ci, la proscription et la mort des Girondins, leurs malheurs, et surtout les mesures atroces par où la Montagne préludait aux crimes qui ont ensanglanté notre belle patrie. Je l'écoutais avec un charme indicible ; je n'ai jamais rencontré une créature humaine qui ait fait sur moi une impression plus vive et plus profonde. Qu'un enfant élevé dans Paris, au milieu du luxe de toutes choses, même d'hommes d'esprit, n'éprouve que des sensations ordinaires en écoutant parler un des quarante immortels, cela se conçoit, l'habitude use tout ; mais qu'on se figure un jeune homme de quatorze ou quinze ans, élevé au milieu de gens qui ne parlaient pas la langue française il y a trente ans, et qui ne la parlent aujourd'hui que pour l'écorcher, même dans la haute société ; pour lui l'apparition d'un homme d'esprit, d'un homme distingué, est une merveille ; et *Valady*, sur le rocher de Puynadal, me faisait l'effet d'Anacharsis dans la Béotie, si Anacharsis eût été proscrit et sa tête mise à prix.

Quatorze jours s'écoulèrent sans que personne se fût douté de la présence d'un étranger dans cette solitude ; une année se serait écoulée de même. Valady pouvait se promener pendant la nuit, les vivres ne pouvaient pas lui manquer, la saison des raisins approchait, il était au milieu des vignes ; je lui procurai des livres pour le distraire. Sous prétexte d'aller à la pêche, je passais six heures par jour auprès de lui ; il avait de l'or. Non, tous mes soins furent inutiles, la fatalité le poursuivait ; ses malheureux amis qu'il savait être à Saint-Émilion, le tourmentaient ; il voulait les voir, et rien ne pouvait le détourner de cette funeste pensée. Mes prières furent inutiles ; il partit, et je l'accompagnai jusqu'au Château-Lévêque. Il fallait qu'il évitât Périgueux ; je lui donnai un guide, et je fis choix d'un homme qui était incapable de le trahir : c'était le nommé *Francillont*, du Château-Lévêque, qui ne le quitta qu'au passage de la rivière de Lille, près Chancellade.

Nos adieux furent pénibles ; j'avais dans l'âme un de ces pressentimens qni ne m'ont jamais trompé (1).

Le surlendemain du jour de notre séparation, à trois heures du matin, un homme frappe à notre porte, il faisait déjà grand jour ; ma mère se lève et lui demande ce qu'il désirait. « Parler

---

(1) Je crois un peu aux pressentimens ; J.-J. écrivait il y a soixante ans : « J'ai quelque *pressentiment* qu'un » jour la petite île de Corse étonnera l'Europe. »

à votre fils, » répondit brusquement le réveille-matin. Ma mère me réveilla, nous descendîmes ensemble, et je demandai à cet homme ce qu'il pouvait me vouloir. Sans me répondre, il me remit un billet sans adresse, et j'y lus ces mots déchirans :

« Tendre ami, je suis aux mains de mes bour-
» reaux. »

Je pâlis, ma mère s'en aperçut ; mais je la rassurai bientôt en lui disant que c'était le pauvre déserteur qu'on avait arrêté.

Le commissionnaire dont s'était servi le malheureux Valady, était le concierge de la maison d'arrêt de Périgueux, qui, je crois, se nommait Lavergne. Ce brave homme, car il y a d'honnêtes gens partout, nous avoua que, malgré le louis d'or que le prisonnier lui avait donné pour sa commission, il ne s'en serait pas chargé s'il n'avait compté rapporter du pain à ses enfans. Ma mère lui donna une *tourte* pour le prisonnier, pour moi et pour lui. Nous partîmes pour Périgueux à l'instant même.

Mon père dormait profondément dans une chambre donnant sur le jardin ; il ne connut l'arrivée du messager et mon départ qu'à six heures. Se doutant bien que j'avais fait, ou que j'allais faire ce qu'il appelait des *équipées*, il monte à cheval et court après moi ; mais j'avais trois heures de marche sur lui, et je marchais bien dans ce temps-là. Je devais arriver à Périgueux au moment où mon père sortait de Brantôme.

J'arrivai dans cette fatale prison à sept heures du matin ; Valady m'attendait dans la cour, entouré de prisonniers qui le considéraient avec une fatigante curiosité ; il s'élança dans mes bras, et nous pleurâmes sans proférer une seule parole. Je fus reconnu. Le concierge, sans y mettre de méchanceté, avait eu soin de me nommer, et la scène de la prison ne tarda pas à frapper les oreilles du représentant du peuple Roüz-Fazillac.

Depuis deux heures Valady et moi sanglottions ensemble, lorsqu'un membre du Comité révolutionnaire, le *citoyen* Villefumade, entre dans la prison et vient droit à moi sans s'occuper de Valady. L'œil en feu il me prend le bras qu'il secoue fortement. « *Qué fas-tu qui B...é ?* Que fais-tu là, B...? *Tu connaissais quél hommé ?* Tu connais cet homme ? *Dounté lou connaissais-tu ?* D'où le connais-tu ? *Toun pai lou connais-teu ?* Ton père le connaît-il ? »

J'expliquai à Villefumade comment j'avais fait la connaissance de Valady ; j'omis le séjour qu'il avait fait à Puynadal, et je ne parlai que d'une rencontre fortuite au Château-Lévêque. L'œil de Villefumade se radoucit, il m'embrassa et m'entraîna hors de la prison. Chemin faisant,

Villefumade s'assura bien que mon père ignorait mes relations avec Valady ; et quand il eut acquis cette certitude, il me conduisit devant le représentant qui venait de signer l'ordre de m'arrêter.

Je fus introduit devant ce tribun, qui, dans ce moment, était entouré de plusieurs personnes notables du département qu'on avait rassemblées pour aviser aux moyens de se procurer des subsistances. Je ne fus point ému ; j'aurais, au besoin, chanté Caton à l'aspect de César.

« Jeune homme, qui es-tu ? » Je déclinai mes nom, prénoms, et surtout mon âge.

« Où as-tu connu Valady ? »

Je fis exactement la même réponse que j'avais déjà faite à Villefumade.

« Ton père a-t-il eu quelques relations avec cet ennemi de la république ? — Non, citoyen représentant. » Je m'aperçus dans ce moment que Villefumade parlait à l'oreille du tribun.

« Apprends une bonne fois pour toutes, que les ennemis de la république ne méritent ni secours, ni pitié. »

Un vieillard, dont je ne me rappelle pas le nom (je me rappelle seulement qu'il était des environs de Ribérac, et que c'était lui qui avait trouvé le moyen de manipuler le son) se chargea de répondre pour moi.

« Eh quoi! citoyen représentant, la république et l'humanité seraient – elles incompatibles? » Rouz-Fazillac ne répliqua pas, et donna l'ordre pour qu'on me laissât sortir en liberté.

Villefumade me suivit, nous fûmes ensemble prendre du café sur la place du Greffe, où mon père nous découvrit enfin, après avoir couru de la prison chez Rouz-Fazillac.

Té, veiqui toun conqui de drolé, qué né fai noumas de las soutisas.

Voilà ton coquin d'enfant qui ne fait que des sottises, dit Villefumade en abordant mon père! J'allais être battu, et le bon homme battait bien quand il en venait là : ce qui heureusement était fort rare. Je ne pouvais pas l'échapper, il fallait des aveux : j'avouai tout, et mon récit loin d'irriter mes deux auditeurs, leur arracha des larmes. O cœur humain! quelles bizarreries n'offres-tu pas à qui sait t'observer!

C'était un singulier homme que ce Villefumade, non que je veuille justifier ses opinions, l'exemple serait trop pernicieux, mais il a sauvé bien des têtes; sa brusquerie et son cœur n'étaient pas en harmonie; plus il se fâchait, et plus il était bon; il n'était venu me chercher à la prison que parce qu'il avait entendu le rapport fait contre moi au représentant du peuple; et craignant que mon père ne se trouvât compromis, il avait pris le devant, bien différent en cela de quelques tigres ses collègues, dont je ne prendrai même pas la peine d'exhumer les noms. On l'avait exilé sous le gouvernement impérial, pour ses opinions; il m'écrivit, et j'eus le bonheur d'obtenir son rappel.

Je ne revis Valady que le lendemain lorsqu'il comparut devant ce qu'on appelait ses juges; son procès n'était pas difficile à juger, il était hors de la loi: mot horrible, qui n'avait jamais figuré dans la législation d'un peuple civilisé. Ses yeux s'attachèrent sur moi avec tant de persévérance, que l'accusateur public (M. Débrézéas) s'en étant aperçu, et connaissant sans doute la scène de la veille, ordonna qu'on me fît sortir de la salle. Homme cruel! si vous vivez encore, que ce souvenir vous déchire l'âme! Le lendemain Valady n'était plus.

Ainsi finit l'infortuné Valady; amant idolâtre de la liberté; compagnon d'infortune des Girondins, de ces admirables talens, de ces hommes vertueux qui voulaient sauver le Roi, et qui pour y parvenir demandaient l'appel au peuple; s'ils se trompèrent, ce fut avec Caton et Sydney, avec Chatam et Washington; une telle erreur, qui a été celle de toutes les âmes généreuses, devait-elle étouffer toute reconnaissance pour leurs vertus; et la révolution en choisissant pour les dévorer, ses plus nobles enfans, ne fut-elle pas plus cruelle que Saturne : *miseros interdum cives, optima de republica meritos* (1)*!*   (CICÉRON.)

---

(1) Malheureux, les citoyens qui ont rendu le plus de services à leur pays.

CHAPITRE III.

Lasciate ogni speranza,
Dante.
« Ici plus d'espérance. »

Les contemporains ne se contentent pas de connaître l'existence politique des hommes, ils veulent pénétrer dans leur vie privée ; ils ne cherchent pas à apprendre, mais à écouter, à voir. Je tâcherai de les satisfaire ; depuis trente ans j'écoute et je regarde.

La terreur commençait, elle ne se fit pas sentir dans mon canton ; je ne sache pas qu'il y ait eu une seule arrestation, ni même un divorce. Quand tout le monde a tort, tout le monde a raison : *Error communis facit jus* (Digeste). Il n'y avait pas un seul *aristocrate* dans la ville.

Rouz-Fazillac n'était pas tout-à-fait à la hauteur des circonstances ; il fut remplacé par le représentant Rome, qui plus tard se fit justice, en se poignardant devant le tribunal révolutionnaire. Ce Rome était auvergnat et frère du bon, de l'honnête père Rome, qui habitait notre petite ville. Pour venir d'Angoulême à Périgueux, il

passa par Brantôme, et vint avec ses deux secrétaires loger chez ma mère ; notre maison était à-
peu-près la seule où ils pussent être logés conve-
nablement.

Il y avait dans le salon, 1°. une vierge Marie
enrichie de beaux habits, qui, même au fort de
la terreur, faisait des miracles. Elle en fait encore,
et toujours à la même place.

2°. Un très beau Christ en bois d'ébène.

3°. Le portrait en pied du roi Louis XV.

4°. Plusieur sgravures représentant des officiers de gardes Françaises.

5°. Et enfin, une plaque de cheminée avec
l'écusson des armes de France, et conséquemment
les trois fleurs de lys.

Lorsque Rome et ses deux suppôts aperçurent
ces signes prohibés, ils se mirent à hurler tous
les trois à-la-fois comme le cerbère de Virgile,
aboyant de ses trois gueules.

Cerberus hœc ingens latratu regna trifauci
Personat.

Il fallait guillotiner toute la maison, et sans les
larmes du bon frère Rome, notre affaire eût pris
une mauvaise tournure.

L'un des secrétaires de Rome était un jeune
homme de seize à dix-sept ans ; petit louveteau
échappé de la ménagerie de Roberspierre, très

sec, ayant pour vêtement ce qu'on appelait un sans-culotte, ne portant point de cravate, des cheveux plats, longs, noirs et sales ; enfin, son respectable chef était couvert d'un bonnet rouge. Il se nommait *Mutius Scœvola* (1).

Je voulus tâter le terrain et chercher par où je pourrais apprivoiser cet aimable enfant ; impossible, il n'avait rien de son âge, c'était un pédantisme, une férocité, un langage si nouveau pour moi que j'en avais horreur ; sur six paroles qui sortaient de sa bouche, le mot guillotine s'y trouvait au moins deux fois : c'était le fonds de sa langue.

J'allai quelques jours après à Périgueux exprès pour voir le citoyen Rome à la Société populaire.

L'échafaud, que je vis là pour la première fois, était en permanence en face de la salle où se tenait le club ; on avait exécuté dans la matinée un émigré nommé Décourt, que le bourreau avait eu la maladresse de manquer deux fois de suite, et le soir, lorsque la nuit eut répandu ses ombres sur cette scène d'horreur, son amante, ou sa femme, vint se pendre avec son mouchoir à un des poteaux du fatal instrument.

---

(1) Je prie le lecteur de ne pas perdre de vue ce personnage.

J'entrai à sept heures du soir dans ce club : la salle n'était pas très vaste, il n'y avait pas de tribunes. Rome était assis à côté du président, et le bourreau était assis en face, au pied de la tribune aux harangues. Plusieurs dames et des jeunes personnes en toilette du temps, occupaient la droite et la gauche de l'exécuteur des hautes œuvres ; je n'y aperçus pas une seule femme du peuple : c'étaient une marquise et sa belle-fille en bonnets rouges ; deux autres dames, qu'on me dit être des femmes d'émigrés, des femmes d'avocats, de notaires et des principaux magistrats de la ville. Tous les hommes avaient le terrible bonnet sur la tête.

La première question que j'entendis agiter fut celle de savoir si un pauvre diable de perruquier, qui, pour sauver sa vie, avait crié vive le Roi dans la Vendée, et qui avait eu la sottise de l'avouer, devait être envoyé au tribunal révolutionnaire ? Rome résolut la question tout seul, et ce malheureux fut expédié. Ce perruquier était si bête qu'il jouait dans la ville de Périgueux le rôle que jouent les niais dans les mélodrames. Personne n'osa prendre sa défense, quoique les avocats ne manquassent pas à l'audience. Un coutellier offrit de repasser le couteau fatal gratis. La séance fut levée après quelques motions plus ou moins féroces, et le chant de la Marseil-

laise, qu'on me fit chanter pour payer ma bien-
venue.

Mutius-Scœvola vint me complimenter et me
serra affectueusement la main.

Je fus lui rendre ma visite le lendemain, qui se
trouvait être un décadi ; Rome m'accueillit avec
bonté, il me fit beaucoup de questions, m'exhor-
ta à être républicain (1), et m'emmena avec lui
au bal.

Toute la ville était à ce bal, qui avait lieu

---

(1) Oui, républicain dans un pays de boudoirs, où ré-
gnèrent et régneront encore Mlle. de Pisseleu (a), Mlle.
Poisson de Pompadour, Mme. du B...., Mme. du....

Républicain chez un peuple de courtisans ! ces pauvres
novateurs, leurs rêves, leur férocité, quelquefois leur
courage, n'ont eu d'autre résultat que de fondre Versailles dans la nation. Paris est devenu *l'OEil-de-Bœuf* (b) ;
tout le monde fait sa cour, et le dernier boutiquier,
garde national, est aussi empressé, tout aussi exact, que
l'était jadis le vieux duc de la Force. Le Français fait la
révérence ; il sert ou veut servir. Je ne crois pas qu'il
soit le plus esclave ; mais c'est bien le plus valet de tous
les peuples.

(a) *Leu*, en patois périgourdin, veut dire *vite*.

(b) Salon de Versailles où les courtisans guettaient le moment
d'obtenir des faveurs ou de trahir leur maître.

dans l'église de Saint-Front. J'ai vu beaucoup de réunions semblables dans le cours de ma vie; je n'en ai point vu de plus animées et où l'on vît briller plus de véritable gaîté. La danse *péri-gourdine*, la *sautierre*, et surtout cette danse qu'on appelle *bal*, où tous les pieds frappant à-la-fois à la troisième mesure, marquent le triolet où les couples, en se suivant, excitent et finissent par entraîner tous les danseurs, formaient un coup-d'œil extraordinaire. Ce fut à ce bal qu'une grande et belle dame eut la bonté de me distinguer, sans doute parce qu'elle m'avait aperçu dans la compagnie du représentant; deux ans après elle voulut bien se charger de mon éducation.

Périgueux, comme presque toutes les villes de France chefs-lieux de départemens, a offert, pendant le règne de la terreur, l'image d'une population en délire, travaillée par la fièvre chaude; des dénonciateurs, des victimes, des misérables qui, sous prétexte de sauver la chose publique, vengeaient leurs injures personnelles; des filles recevant des brevets d'encouragement et même des primes pour afficher publiquement la perte de leur pudeur; des femmes d'émigrés divorçant pour épouser des roturiers beaux gar-çons. La nature ne perd jamais ses droits, et les

absens ont toujours tort : les grands coupables,
dans ces scènes de désolation, sont morts, ou
se sont convertis. Ceux qui vivent sont dévots et
siégent au côté droit; et de cette manière Pan-
glos finit par avoir raison : tout est pour le mieux
dans le meilleur des mondes possible.

Je ne finirai cependant pas ce chapitre sans
rappeler un trait de négligence ou d'insouciance
qui équivaut à un crime.

Un ecclésiastique, vieillard octogénaire, est
traduit devant le tribunal de Périgueux comme
prêtre insermenté ; il était sourd, il répondit
qu'il avait juré, et que la preuve devait être
consignée sur le registre de la mairie. L'accusateur public ordonna qu'on allât vérifier le fait. Le
secrétaire chargé de ce registre fit cette recherche légèrement, et répondit qu'il n'y avait rien.
L'ecclésiastique fut condamné à mort et exécuté
le même jour. Une heure après l'exécution, l'acte
de prestation de serment fut trouvé.

Ce secrétaire de la mairie était un honnête
homme, et cette cruelle inadvertance n'a pas
peu contribué à abréger ses jours.

> Laïus est mort, laissons en paix sa cendre.
>
> VOLTAIRE.

Un dernier trait, et je finis. Il n'y avait alors,

comme aujourd'hui, dans tout le département de la Dordogne, qu'un seul homme qui eût un vrai talent ; c'était le jeune Moulin, avocat de la plus grande espérance : *tu Marcellus eris.* Il marchait sur les traces de Vergniaud : les misé-rables lui coupèrent le cou !

CHAPITRE IV.

> Portait sayon de poils de chèvre
> Et ceinture de jonc marin.
>
> La Fontaine.

Que d'autres chantent les merveilles de la nature après l'avoir corrigée dans leurs vastes jardins, pour les rendre dignes d'un consul ou d'un tribun ; je leur laisse volontiers ce plaisir. Je n'aime que la nature toute pure, mais je la veux riche, abondante, et présentant toujours à l'œil ces masses de verdure dont elle n'est jamais avare dans les beaux climats qu'elle a favorisés.

Mes goûts contrastaient singulièrement avec la position forcée où je me trouvais pendant le règne de la terreur. Il fallut me faire paysan, mais paysan tout de bon, c'est-à-dire, garder les troupeaux, labourer, et faire parfois les travaux d'un manœuvre. C'était la mode ; ma mère en gémissait, ou plutôt nous en gémissions tous les deux (1). Mon père était assez indifférent sur ce

____

(1) Nous avions tort, ma mère et moi, car la profession d'un bon paysan est plus honorable que la plupart

chapitre ; il croyait l'époque arrivée où les beaux rêves de l'auteur d'*Émile* allaient s'accomplir. Pauvre Jean-Jacques, toi qui, comme le menuisier de Nevers, « n'aimais le sang qu'en la couleur des roses, » as-tu été cruellement travesti ! que de folies faites en ton nom ! Ils ne t'enten-

---

de celles que j'ai vu exercer dans le cours de ma vie. Un paysan vaut mieux qu'un chambellan, qu'un vil courtisan, qu'un valet de tous les maîtres, qu'un scélérat qui vend son honneur, sa patrie, son roi, pour des cordons et de l'argent... et j'en ai tant vu!... Voilà un paysan vigneron qui pense et parle mieux qu'un prince.

« La vérité est toute à tous : ce que vous connaissez
» utile, bon à savoir pour un chacun, vous ne pouvez
» le taire en conscience. *Jenner*, qui trouva la vaccine,
» eût été un franc scélérat d'en garder une heure le
» secret ; et comme il n'y a point d'homme qui ne croie
» ses idées utiles, il n'y en a point qui ne soit tenu
» de les communiquer et répandre par tous moyens à
» lui possibles. Parler est bien, écrire est mieux, im-
» primer est excellente chose. Une pensée déduite en
» termes courts et clairs, avec preuves, documens,
» exemples, quand on l'imprime, c'est la meilleure
» action, courageuse souvent, qu'homme puisse faire
» au monde ; car si votre pensée est bonne, on en pro-
» fite, mauvaise on la corrige, et l'on profite encore. »

Je trouve plus de sens dans ces *simples* paroles que dans les discours parlementaires du prince de Galles depuis son avènement à la couronne.

daient pas ; tu leur fis entrevoir la lumière cé-
leste, et les ignorans ne s'en servirent que pour
incendier le monde. Tu relevas le christianisme,
et son triomphe restituait à la race humaine sa
divine nature ; mais tu ne l'entendais pas à la
mode de l'hypocrisie ; les bigots te persécutèrent,
ils t'auraient brûlé, comme les jacobins t'auraient guillotiné trente ans plus tard. Console-toi,
Socrate et Jésus-Christ avaient jalonné le chemin de l'ingratitude.

Je crois l'avoir déjà dit, le pays qui me vit
naître n'est pas beau, la nature y est âpre, rabou-
grie, et l'habitant de cette contrée ne fait rien
pour la corriger ; les animaux domestiques sont
laids et difformes. Je n'en connais qu'un qui ré-
veille leur sollicitude ; c'est le compagnon de
Saint-Antoine. Les légumes, les fruits arrivent
sans soins ; point d'espaliers, point de potagers ;
la truffe elle – même, sans laquelle on ne parle-
rait pas du Périgord chez les ministres, perdrait
sa saveur et son parfum exquis, s'il fallait que
les habitans lui donnassent des soins.

Tout ce qui exalte l'esprit, en développe en
même temps les besoins et les forces. Je ne pouvais me rassasier de lectures, et ma source était
tarie. Il y avait tout près de ma petite ville
une maison de campagne qui fut achetée par
M. Dumetz, originaire d'Auch et ami du général

Lannes. M. Dumetz vint l'habiter après le 9 thermidor. J'ai toujours cru, quoique je n'en aie jamais eu la preuve, que ce personnage avait figuré dans les événemens qui avaient précédé la chute de Roberspierre. Il était jeune, ardent, de l'esprit, mais il n'avait pas le sens commun. Entre le bon sens et l'esprit, il y a la différence de la cause à son effet. Il parlait comme Omar, et cependant il était athée. Il n'admettait d'autre système que celui de Roberspierre ; il voulait que les hommes rentrassent dans les forêts ; et il faut lui rendre cette justice, c'est qu'il en donnait un étonnant exemple, quoiqu'encore au printemps de la vie.

M. Dumetz avait une bibliothèque considérable ; il eut la bonté de la mettre à ma disposition.

Je commençai par le vieux Corneille, ce poète géant qui fit des Romains demi-dieux, en les taillant sur son génie.

Racine vint après, ma mémoire le retenait en le lisant ; je croyais retrouver Virgile dans ma langue ; je palpitais, je soupirais, et je finissais par pleurer ? Quels souvenirs !

Molière eut son tour ; ce grand peintre du cœur humain me fit connaître les vices, les travers et les ridicules de mes semblables. Ah ! si Bonaparte l'avait médité à l'époque où je le lisais, nous n'aurions peut-être pas vu un grand homme, dans toute l'acception du mot, jouer, à la face de l'Europe, les rôles de Georges Dandin et du Bourgeois gentilhomme.

Je lus Jean-Jacques en l'arrosant de larmes, et Saint-Preux sur le rocher de Meillerie, m'apprit que j'avais un cœur.

Le lecteur ne s'attend pas sans doute à trouver ici des amours, et le récit des folies du bel âge; ce n'est plus pour moi que de l'histoire ancienne. J'étais pour Ovide à vingt ans; je suis pour Horace à quarante. Si je ne rougis pas d'avoir aimé passionnément au printemps de mes jours, je rougirais d'en faire le récit au déclin de ma vie. Je n'ai jamais aimé les vieux amans : Anacréon lui-même amoureux en cheveux blancs, m'a toujours fait l'effet d'un vieux fou (1).

Nous étions dans la saison des vendanges, et je m'en occupais à Puynadal, lorsque *Jean* vint m'avertir qu'un grand Monsieur voulait me parler; je sortis et j'aperçus un homme de six pieds, assez bien couvert, jeune encore, mais ayant une barbe très longue; je lui demandai en quoi je pouvais lui être utile; il me pria de lui permettre de prendre du raisin et de lui procurer un gîte

---

(1) C'est une grande difformité dans la nature, qu'un vieillard amoureux. (LA BRUYÈRE.)

pour la nuit seulement. Le grange de Puynadal était là, et je l'installai à la même place où j'avais recueilli l'infortuné Valady ; les vendangeurs rentrèrent à la nuit, et nous soupâmes tous ensemble.

Après le souper, je lui demandai qui il était ; il me répondit avec franchise.

Je me nomme Brutus Magnier ; j'ai été président de la terrible commission d'Orange ; impliqué dans l'affaire de Babœuf, je n'ai point comparu devant la haute cour de Vendôme, et je suis renvoyé devant le tribunal de Saintes. Je veux m'y rendre sans gendarmes ; c'est ce qui fait que j'évite les gîtes où il y en a.

Je lui parlai de mon Girondin, et je me permis de lui reprocher ses cruautés, ou plutôt celles de son parti. Il haussa les épaules et à peine daigna-t-il me répondre.

Comme il allait se coucher, sa chemise, qui était fort propre, s'entrouvrit ; je crus apercevoir quelque chose sur sa poitrine, je lui demandai ce que c'était ; il n'y mit pas de mystère et il satisfit ma curiosité. C'était un paquet de poison qui pesait sur le creux de son estomac, et, de chaque côté, les portraits de Roberspierre et de Marat. Il partit de très grand matin, et je crois avoir lu depuis, qu'ayant été déporté à Cayenne, il combattit les Anglais et sauva cette colonie.

Les élections avaient été cassées par un coup
d'autorité, et on convoqua les colléges électo-
raux pour en faire de nouvelles; les deux partis
se rendirent en armes à Périgueux, et peu s'en
fallut qu'on n'y vit *iliacos intra muros peccatur
et extra* (1). Ce fut dans cette bagarre que je vis
pour la première fois le colonel F... qui agissait
et faisait agir contre les royalistes. Ceux-ci lui
faisaient alors de graves reproches sur sa conduite présente et sa conduite antérieure; mais
je n'ai rien vu à cette époque que sa conduite du
moment, et je n'écris que ce que j'ai vu.

Ce fut aussi à cette époque, ou à-peu-près,
que je fis la connaissance de l'abbé Féletz; il
donnait des leçons de latin dans un pensionnat à
Périgueux.

J'étais alors grand garçon, j'avais dix-sept ans;
on voulait faire de moi un homme de robe, et
on choisit Bordeaux pour que j'y allasse faire
mon stage.

On fit mes paquets; on mit de l'or dans ma
poche et je partis. Ce fut le moment le plus pénible que j'eusse éprouvé jusqu'alors; toute la
maison fondait en larmes; ma mère surtout; son
cœur avait des intérêts bien plus grands que son
bonheur personnel; son affliction m'accablait,

---

(1) La guerre dans les murs et hors des murs.

elle pressentait que je lui échappais peut-être pour toujours; les larmes d'une mère ont quelque chose qui ébranle le plus insensible courage, rien ne nous fortifie contre le spectacle de ces afflictions jeunes et vives, sous des traits que l'âge a glacés.

CHAPITRE V.

> . . . . *Solatia luctus*
> *Exigua ingentis.* . . . .
> Faible soulagement pour de grandes douleurs.

JE laissai auprès de ma mère sa sœur qui m'aimait comme une seconde mère; cette belle et vertueuse personne avait plusieurs fois refusé de se marier très avantageusement , parce que , voyant la santé de sa sœur chanceler, elle ne voulait pas, disait-elle, que nous restassions orphelins ! Quelle vertu ! Mais ces consolations n'étaient, pour une si grande douleur, qu'un faible soulagement.

Quand on quitte la terre natale, quand on met pour la première fois une distance assez grande entre soi et le pays de ses aïeux, on éprouve un accablement si grand qu'il n'y a plus de place dans l'âme pour l'espérance : la douleur a tout envahi ! J'étais dans cet état lorsque j'arrivai, le jour de Noël, à Mussidan, à dix lieues de la maison paternelle ; j'avais fait la route à pied ; j'entrai dans une auberge pour y souper et passer la nuit. J'allai d'abord m'asseoir dans le coin

d'une de ces grandes cheminées où trois personnes tiennent à l'aise. Je me trouvai juste vis-
à-vis d'une jeune personne de seize ans, qui,
après m'avoir aperçu et reconnu, se couvrait la
figure avec sa *mante* et ses mains! L'infortunée
avait fait à-peu-près la même route que moi; elle
portait un fardeau qui devait la gêner dans la
saison rigoureuse où nous nous trouvions.

Je ne lui adressai point la parole, et j'allais me
coucher , lorsque l'hôtesse vint me dire que
cette jeune personne désirait me parler. En
voyant sa figure à découvert je la reconnus; je
me rappelai avoir dansé avec elle cinq ou six
mois avant cette rencontre, à un bal que donnait
M. le marquis de Rastignac dans son château
de Puyguilhem. Elle appartenait à une honnête
famille, et je connaissais son père. Je ne vis pas
une seule larme s'échapper de ses yeux, quoique
sa grossesse fût arrivée au point où la dissimu-
lation devient inutile. Il fallait que je lui inspi-
rasse une grande confiance, car un quart d'heure
ne s'était pas encore écoulé que je connaissais
toute son histoire. Appelée à recueillir, ce qu'on
appelle en Périgord une jolie fortune, elle avait
été l'objet de la convoitise d'un général, qui,
abusant de sa jeunesse, de son inexpérience et
de la confiance de ses parens, avait, pour me
servir de l'expression du pays, fait passer la

charrette devant les bœufs. Ce général reçut l'ordre impératif d'aller commander à Rome, où il fut assassiné peu de temps après; et la malheureuse C..., craignant le courroux de son père, allait cacher son déshonneur à Bordeaux. Sa bonne étoile m'avait placé sur sa route. C... était jolie, sémillante, une véritable tête périgourdine; et, si je ne l'avais arrêtée à son début, elle serait allée fort loin.

J'étais bien innocent dans cette affaire; cependant elle a jeté sur ma vie une prévention qui dure encore. L'aubergiste chez qui nous logions fut le lendemain au marché de Périgueux; il était marchand de bœufs; j'étais connu de lui, et au lieu de s'occuper de ses affaires, il répandit le bruit que j'avais quitté ma famille, et que j'étais parti avec une jolie personne enceinte de mes œuvres. La vérité marche à pas de tortue, la calomnie a des ailes. Ainsi, en franchissant le seuil du toit paternel, je commençai à sentir l'injustice des hommes. O profond Bazile! je suis payé pour reconnaître l'efficacité de ton système : calomnions... il en reste toujours quelque chose.

Nous partîmes à la pointe du jour; après une heure de marche, ma charmante pélerine avait oublié ses chagrins: elle aurait, je crois, oublié sa grossesse, si la fatigue ne la lui eût

rappelée ; j'étais son frère, elle m'aurait suivi
au bout du monde. Nous descendions un co-
teau, au point où cessent les landes du Périgord et commencent les belles plaines qu'arrose
la Dordogne ; j'aperçus sur ma droite, au bout
de l'horizon, un clocher et une masse assez considérable de maisons ; je m'arrêtai pour demander à un pâtre quel était le lieu que j'apercevais :
il me répondit *Coutras*. J'ôtai mon chapeau et
je saluai les lieux qui virent la première victoire

Du seul roi dont le peuple ait gardé la mémoire (1).

Nous arrivâmes à Libourne le soir même ;
mais la Dordogne était couverte de glaçons, il
fallut y séjourner trois jours.

Il y avait dans l'auberge où nous logions un
capitaine de vaisseau qui, comme nous, attendait le *bon vent*. Je suis assez causeur, il l'était
passablement, et il causait bien ; il m'offrit une
soirée chez son armateur, M. Fontémoin ; j'y
allai, présenté par lui ; je fus très gracieusement
accueilli, et ce fut là, pour la première fois,

---

(1) J'ai vu de nos jours appliquer indistinctement au
gouvernement royal tous les bons effets qui résultent
du gouvernement d'un bon roi : c'est s'abuser étran-
gement.

que je rencontrai M. de Cazes, qui était de mon âge à un an près; on l'appelait alors *Cazillou*.

Quelle fortune accompagnera ce favori ! les premiers postes, l'oreille du prince, d'immenses trésors, une santé parfaite; il ne lui manquera que des......

Nous prîmes une voiture à Libourne, et c'était celle du courrier de la malle; le pavé et les ornières qui entourent la montagne de Fronsac, sur laquelle est bâti le château de ce ministre, qui commença le branle contre les grands feudataires, faisaient faire à la voiture des bonds d'un pied d'élévation. M. Decazes aura sans doute, pendant son ministère, fait réparer cette route; il le devait à ses compatriotes; il le devait au souvenir de son illustre prédécesseur, qui lui avait laissé de grands exemples; mais il fallait de la force et du génie pour les imiter.

Nous restâmes trois heures au milieu des glaçons, je ne connaissais pas le danger; mais lorsque nous arrivâmes sur la rive opposée, le capitaine et le batelier déclarèrent que nous l'avions échappé belle.

Vers les trois heures de l'après-midi et par un beau soleil d'hiver, nous découvrîmes ce fer-à-cheval que forme la rade de Bordeaux. « Où logez-vous? me demanda le capitaine *Bas-*

te (1).—Je n'en sais rien, lui répondis-je.—Allons à la Providence. — Soit. — J'aime mieux cette enseigne-là qu'une autre. »

Je n'avais jamais vu de spectacle; la première demande que j'adressai à l'hôtesse, madame Brunet, fut celle-ci : Joue-t-on la comédie ce soir? — Oui, Monsieur, on joue *le Maure de Venise* et *les Rivaux d'eux-mêmes.* » Je regardai ma jeune compagne de voyage, et ses yeux qui pétillaient, m'annoncèrent qu'elle était aussi impatiente que moi.

Talma jouait le rôle d'Othello, et Mme Petit, qui devint Mme. Talma, et qui est devenue je ne sais quoi, jouait le rôle de Dedesmona. Talma me bouleversa , et la voix suave et sonore de son amante , fit sur moi une impression que je décrirais difficilement. J'ai vu depuis tout ce que la scène française a montré de plus célèbre, depuis Mlle. Contat jusqu'à Mlle. Mars, et je n'ai point retrouvé les accens de Mme. Petit.

Je n'ai jamais lu la pièce de *Ducis*, je ne crois pas l'avoir revue depuis sur la scène, et pourtant j'en reproduirais de mémoire les principaux passages, tant fut profonde l'impression que Talma fit sur moi.

_____

(1) Il est mort contre-amiral dans la campagne de Russie.

CHAPITRE VI.

Vir bonus, dicendi peritus.
INSTIT.

Savant et homme de bien.

LA bonne, l'excellente Mme. Brunet, dès le lendemain, fut au courant de tous nos secrets. Ce fut elle qui trouva la maison où Mlle. C... devait expier sa faute; cette maison était tenue par un M. Bardon, petit bossu, dont j'avais connu le père, également bossu, chantre à la cathédrale de Périgueux; je crus, Dieu me pardonne, en regardant cet Esope, qu'on était bossu de père en fils dans cette famille.

J'écrivis au père de Mlle. C...; il accourut: la vieillesse est comme l'enfance, elle se rassure aussi facilement qu'elle se désole : les reproches firent promptement place aux caresses (*pro peccato magno paulum supplicii satis est patri.* TÉRENCE, *And.*, act. 5.) J'arrangeai tout, le père ramena sa fille dans ses montagnes; j'ai revu depuis cette charmante figure, compagne aimée d'un bon magistrat, qui avait pris tout cela pour du neuf. Cette petite aventure m'a valu pendant vingt ans, chaque année, une jolie lettre de remercîmens accompagnée d'une dinde aux truffes. En fouillant beaucoup dans le cœur humain, ne désespérez pas d'y trouver un peu de reconnaissance.

Me voilà sur le pavé de Bordeaux; je n'y connaissais personne, la révolution avait bouleversé l'ancien barreau; toutes les connaissances de mon père avaient disparu. Un jour, en achetant des gants rue Sainte-Catherine, j'entendis la marchande saluer une vieille dame, du nom de Mme. Dupré; je demandai à cette dame si elle était la femme de l'ancien procureur de ce nom, dont mon père se servait pour ses causes *en parlement.* — Oui, Monsieur, me répondit-elle, mais le pauvre M. Dupré n'est plus de ce monde! si vous avez quelque chose à réclamer de la succession, adressez-vous à Aman, mon fils, qui demeure rue du Grand-Cancera, n°. 20, à quatre pas d'ici. J'allai à l'instant même chez M. Dupré, qui se rappela les traits de mon père en me voyant, et qui me permit de venir griffonner chez lui tant que je voudrais. Malheureusement les affaires n'allaient pas, il n'y avait plus de procédure, il fallait patienter. Temps heureux! où une simple assignation suffisait pour porter devant les juges la cause la plus importante, où l'antre de la chicane n'était ouvert qu'à l'éloquence! Pourquoi de si bonnes, de si excellentes institutions, ont-elles disparu pour faire place à la cupidité, au vol et à l'exercice de toutes les passions haineuses; d'autant plus dangereuses, que le fisc les protège en les couvrant d'un brevet d'impunité.

M. Martignac, avocat célèbre, *vir bonus dicendi peritus*, eut la bonté de m'admettre à un cours de droit qu'il professait gratuitement à des jeunes gens comme moi. Il n'y avait pas alors d'école publique. M. Martignac fils faisait des vaudevilles; il paraît que depuis il s'est ravisé.

Je fis la connaissance d'un des plus beaux talens que j'aie rencontrés dans le cours de ma vie, et j'en ai rencontré quelques-uns; une âme brûlante, une tête de feu, l'imagination la mieux ornée par la plus saine littérature; poète, et bon poète au besoin; généreux, désintéressé, toutes les qualités qui caractérisent l'honnête homme et le véritable ami. Je parle de Ferrère, et je ne crains pas qu'il s'élève une voix pour me démentir. La première fois que j'entendis cette bouche éloquente, son accent me fatiguait; mais plus je l'écoutais, et plus l'âpreté de son organe disparaissait; il plaidait contre un M. Lanusse, qui s'était fait souscrire des effets à ordre pour sauver la tête d'une victime de nos discordes civiles; la victime avait péri malgré la souscription des titres, et Lanusse venait en réclamer le paiement, « *et sa tête à la main demandait son salaire.* » Au moment où Ferrère prononça, « *Lanusse, il est un Dieu, et son existence n'est pas plus douteuse que ton crime!* » ce malheureux Lanusse se jeta à genoux, demanda pardon à Dieu, à ses juges, s'avoua coupable, et prépara ainsi un des plus beaux triomphes qu'ait remportés l'éloquence du barreau.

On m'a assuré qu'avant de mourir (*multis ille bonis flebilis occidit.* HOR. (1), Ferrère avait trouvé des ingrats; cela ne m'a pas beaucoup étonné, et du train dont les choses ont été, il devait en être ainsi. J'ai connu tant de mirmidons autour de lui, qui n'attendaient que la mort d'Achille pour danser sur son tombeau.

Après Ferrère, venaient MM. Laîné et Ravez. Je place M. Laîné le premier, parce qu'il avait de la chaleur dans l'âme, et que M. Ravez n'en avait que dans la tête. M. Ravez n'était qu'avovat, il discutait bien, mais il ne fallait pas qu'il sortît du droit tout pur. Il n'était point lettré, il manquait de goût; je vais en donner la preuve. On enterrait un procureur, M. Ravez fut chargé de l'éloge funèbre; après quelques lieux-communs, il termina par cette phrase : « *Confions*

---

(1) Les gens de bien l'ont pleuré.

à la terre sa dépouille mortelle; elle y fera ger-
mer la vertu. » D'abord la vertu d'un procureur
est plus qu'équivoque; ensuite la pensée n'est
pas juste, et la figure qu'elle exprime est à côté
de la vérité. Si je suivais M. Ravez à la tribune,
dans son opinion contre Mlle. Robert, je prou-
verais que le temps ne lui a pas donné ce qui lui
manquait alors.

Il y avait encore un jeune homme, M. Saget,
qui a dû suivre les traces des grands avocats de
cette époque. Son enflure s'est sans doute modi-
fiée; les belles qualités qu'il avait doivent en faire
aujourd'hui un avocat distingué.

M. Peyronnet débutait alors.

A cette époque, le barreau de Bordeaux était
très considéré; cette considération lui était due.
J'ai vu le barreau de Paris: il n'existait entre
ces deux barreaux aucun point de comparaison.
A Paris, un avocat n'est qu'un avocat; à Bordeaux, c'était un homme considérable; le haut
du pavé lui appartenait de droit; d'ailleurs l'é-
preuve a été faite; la tribune a justifié ce que je
soutenais depuis vingt ans.

Hors du barreau, point de salut à Bordeaux;
non qu'on puisse dire que la bêtise y domine; ils
n'ont que trop prouvé leur intelligence et leur
savoir-faire; mais c'est un esprit à part, ils l'exer-

cent presque exclusivement sur leur toilette ; un habit bien fait, une botte élégante, sont des titres qui équivalent, pour la considération qu'ils procurent, à un discours académique de M. Villemain ; ils ont la prétention de parler français. Si Molé et Mlle. Contat vont à Bordeaux, on les relègue entre quatre planches sur la place publique, et personne n'y va ; tandis qu'un acrobate jouit de leur magnifique salle de spectacle et y attire la foule. Ils n'ont point l'allure de la pure race des Gascons ; ce sont des métis (1).

C'est un tapage, des cris, des calembourgs, une forfanterie ; ils sont braves, et leur ville n'a pas fourni un seul officier distingué ; des poètes détestables qui croyent s'enivrer seuls *de l'odeur du Permesse*, et qui trouvent des flatteurs ; pour un bordelais, Bordeaux est ou doit être la capitale de la France ; l'un d'eux, qui ne parle jamais sans vous faire savoir qu'il est gentilhomme, et dont le grand père était marchand de sardines, rue de la Rousselle, me disait, au mois de mars 1814, sur le perron du café Tortoni : « Ah ! si les alliés n'étaient entrés à Paris que quinze jours plus tard, nous faisions là-bas le plus joli petit royaume. » Avis au lecteur pour

-----

(1) Le fat est entre l'impertinent et le sot ; il est composé de l'un et de l'autre. (*Caract. de La B.*)

ce qui concerne l'esprit public, qu'il n'entre pas dans mon plan de traiter ici.

Je traînai *mes guétres* dans le cabinet des avocats les plus célèbres; ces Messieurs, soit dit sans reproches, abusaient un peu de ma bonne volonté; la facilité de ma plume et sa correction servaient merveilleusement leur paresse; en me cajolant, en me traitant avec distinction, ils me dictaient souvent leurs mémoirés et leurs consultations jusqu'à trois heures du matin. Ce fut en sortant à une heure aussi indue de chez M. Delpit, qui demeurait près de l'Intendance, qu'en descendant la rue qui fait face à la poste, je mis le pied sur un cadavre sans tête qui gissait sur la neige. C'était le corps d'un supplicié, que des carabins venaient d'exhumer pour le soumettre à leurs conjectures.

M. Jaubert, qui n'était qu'avocat-consultant, me faisait déjà l'effet d'un vieil homme, sous sa large robe de chambre à ramages. Je l'ai revu, dix ans plus tard, sous l'habit de conseiller-d'état et de comte de l'empire, affectant toutes les grâces de la jeunesse au milieu d'un sérail.

M. Lainé (1) oubliait parfois *le mur mitoyen* pour lire les belles harangues des Pitt, Fox,

---

(1) Un homme sujet à se laisser prévenir, s'il vient à remplir une grande dignité, est un aveugle qui veut

Grey, Shéridan, Grenville, qui donnaient alors un si beau lustre au parlement britannique (1).

M. Ravez se livrait tout entier à la crudité de son droit.

Je logeais rue Arnaud-Miqueu, chez une vieille dévote; la chambre qui joignait la mienne était occupée par un mulâtre, nommé Boyer, qui perfectionnait la clarinette. Boyer est aujourd'hui président de la république d'Haïti. Je n'aurais jamais cru que l'art de gouverner les peuples se puisât dans un instrument à vent (2). Boyer avait une singulière passion pour la comédie des *Plaideurs*; il fallait, bon gré, malgré, que je lui en récitasse une scène tous les soirs. C'était, au surplus, un doux, bon et excellent garçon. Si

______

peindre, un muet qui s'est chargé d'une harangue, un sourd qui juge d'une symphonie.

(1) Il paraît que la France n'est pas la seule puissance qui ait perdu ses hommes célèbres sans espoir de les voir remplacer : MM. Piet et Puymaurin valent au moins MM. Wynn et Lamb, et je ne sais pas ce qui chez nous ne vaut pas mieux que M. Peel.

(2) Appellerai-je homme d'esprit celui qui, borné dans quelque art qu'il exerce dans une grande perfection, ne montre ni jugement, ni mémoire, ni vivacité ! Un musicien par exemple, qui, après m'avoir enchanté par ses accords, semble rentrer avec son luth dans un même étui.　　　　　*(Caract. de La B.)*

les bonnes qualités que je lui ai connues ne se
sont point altérées, ses peuples doivent être heureux.

J'allais dîner chez Mme. Billecocq, rue Porte-
Dijeau, à 25 sous par tête. J'y fis la connaissance
de trois jeunes gens de ma province : l'un d'eux,
M. Dufraisse, est mort; ce n'était point un
homme supérieur, mais c'était un honnête homme, et qui aurait fait un bon magistrat. Le second était M. Bonhor, qui, je crois, exerce les
fonctions du ministère public à Périgueux. Ce
doit être un bon juge; il en avait dès-lors les
qualités essentielles. Mais le troisième, était tout
ce que la fatuité (1) a produit de plus extraordinaire. J'ai retrouvé ce personnage à Paris, et la
première fois que je le rencontrai, c'était dans le
jardin du Palais-Royal; il portait un habit bleu
barbeau avec des boutons de nacre; il m'aborde,
et tournant deux fois sur la pointe du pied, à la
manière de Vestris ou de Duport, il me dit :
« Allons, mon cher, soyez de bonne foi, reconnaissez-vous là le D...... qui dînait jadis à 25 sous
par tête chez Mme. Billecocq? » M. Jaubert avait
des affections ou des prédilections qui sont toujours restées énigmes pour moi; il fit endosser la

____

(1) Un fat est celui que les sots croient un homme de
mérite.　　　　　　　　(*Caract. de La B.*)

robe magistrale à ce jeune fat, au moment où il méritait à peine la robe virile, et l'envoya remplir une des premières fonctions du ministère public à Bordeaux. Sans attaquer le personnage, je me permis de faire observer à M. le comte que c'était une humiliation pour le barreau, pour ses anciens collègues. Il ne me répondit pas. J'avais pourtant deviné juste : l'abandon où s'est trouvé M. Jaubert, après la restauration, n'avait peutêtre pas de cause plus véritable.

Je trouvai le temps de suivre un cours de mathématiques aux écoles centrales. Je ne les quittai qu'en statique. Ce fut en sortant d'une leçon que nous reçûmes des coups de canon à mitraille, de la part du bureau central : c'était sans doute pour nous faire passer plus vite de la théorie à l'application. J'avais un répétiteur qui me donnait des leçons le soir avec une demoiselle *Hazera*, fille d'un notaire. Ce brave tabellion assistait aux leçons, et lorsqu'il nous parlait de son collègue, M. *Darrieux*, il prononçait *Darius*. Voilà comment Messieurs de Bordeaux parlent la langue française.

Un jour Larive, le célèbre tragique, jouait entre les quatre planches de Tourny; une *belle présidente* me pria de l'accompagner pour voir *Iphigénie en Aulide*. J'étais alors trop galant pour ne pas déférer à son invitation. Chemin fai-

sant je m'aperçois que je n'avais pas de mouchoir, et comme j'allais verser des larmes, ce
meuble me devenait indispensable. Nous étions
rue du Loup, au coin de ma rue, je grimpe dans
ma chambre, et j'aperçois, assis près de mon
lit, un vieillard qui appuyait sa tête sur celle
d'une jeune et belle personne. Ce vieillard fut
effrayé par ma présence, et il y avait de quoi,
car il faisait un métier qu'on ne faisait pas alors
sans quelque danger; dans son effroi il m'avoua
le saint ministère qu'il exerçait, et blâma chari-
tablement Mme. Rigolenne, maîtresse de la maison, de m'avoir laissé monter dans ma chambre
sans me prévenir; la bonne dévote était inno-
cente, j'étais monté si rapidement qu'elle ne m'a-
vait pas aperçu. Je rassurai le vieillard; je
l'exhortai à continuer son ministère sans inquié-
tude. Il me recommanda le secret, je le lui promis. Je me hâtai de rejoindre la présidente, et
nous allâmes voir Larive. C'était le reste d'un
beau talent; il avait encore quelques éclairs; les
vieux amateurs bordelais lui donnaient la palme
sur Talma; je n'étais pas de leur avis dès cette
époque, je ne le suis pas encore.

Le lendemain avant mon lever, pourtant je
me levais de bonne heure, le vieillard de la veille
entra dans ma chambre, accompagné de Mme.
Rigolenne qui pleurait comme une Madeleine;

le vieillard m'avoua qu'il était le curé réfractaire de Pouillat, en me demandant hardiment si j'avais fait ma première communion; je lui dis franchement non : vous la ferez, me dit-il; il se mit à mes trousses, ne me quitta plus, et je finis par réconnaître mon Dieu « sous un pain qui n'est plus. » Il n'eut pas beaucoup de peine à me convertir; car, pour moi, ou la religion est vraie ou elle est fausse : si elle n'est qu'une vaine fiction, j'aurai, si l'on veut, perdu soixante années, je n'aurai pas couru d'autre risque; mais si elle est fondée sur la vérité, je plains l'homme vicieux : voilà toute ma politique en matière de croyance religieuse, et je ne sors pas de là.

Le seul mot vraiment spirituel que j'aie entendu à Bordeaux, fut celui adressé au bal d'Aumont par un masque, à un lieutenant-général nègre : « Avoue, lui dit-il, qu'il a fallu une grande révolution dans les astres pour qu'il te soit tombé trois étoiles sur l'épaule. » Le général était en uniforme.

J'ai passé les cinq plus belles années de ma vie dans ce pays de Cocagne; malgré leur amour-propre et leurs terribles prétentions, ils ont de bonnes qualités, ils s'attachent facilement. On y aime, on y recherche les jeunes gens studieux, on les accueille, on les encourage : tout bien balancé, c'est un pays qui en vaut d'autres et mieux que d'autres.

CHAPITRE VII.

> *Non voglio cambiar stato.*
> PÉTR.
>
> Je ne veux pas changer d'état.

On devrait bien, dans le cours de la vie, se mettre en garde contre les préventions; c'est une chose nuisible, c'est une maladie dont on ne guérit pas à fond. Je n'ai jamais aimé le mot *clergé*, et cependant j'ai toujours recherché les vieux prêtres; c'est sans doute parce qu'ils sont plus instruits que le commun des hommes. J'en ai rencontré de bien respectables: je souhaite que les jeunes lévites que je vois éclore et se multiplier chaque jour, se pénètrent bien que le fanatisme en politique comme en religion, ne produit que de mauvais résultats.

Je quittai Bordeaux aux vacances; j'allai dans mon pays où la conscription m'appelait. Je n'ai pas toujours fait les choses comme les autres hommes. En arrivant à Périgueux, je fus droit chez le général qui y commandait; je ne le connaissais pas, mais j'avais lu ses actions d'éclat; je lui fis ma petite harangue, il me promit sa protection et de l'avancement si le sort me signalait. Je lui répondis que je ne voulais pas changer d'état, la langue me démangeait : *cedant arma togeæ* (1). Le lieutenant-général comte Souham n'a jamais oublié cette circonstance, il est resté mon ami.

En sortant de chez le général, j'entrai chez une marchande de modes pour y acheter quelques colifichets. La femme du préfet était dans cette boutique ; je lançai quelques mots au hasard ; je trouvai une femme d'esprit qui prit la balle au bond. Sa protection n'était pas à dédaigner, *elle était préfet.*

J'arrivai sur la Pelouse pour prendre un cheval et m'en aller chez moi ; je rencontrai sept de mes anciens camarades d'enfance, qui avaient l'air de se promener ; l'un d'eux, que j'avais revu à Bordeaux, vint en . . . . me proposer de m'associer à eux pour arrêter la recette de Nontron. Je le repoussai avec indignation et je partis.

Le lendemain, vers midi, un gendarme blessé accourut à Brantôme, demanda main-forte contre des brigands qui venaient de voler la recette, d'assassiner le conducteur. La garde nationale retrouva les fonds, mais les brigands avaient disparu.

____

(1) L'épée cède à la toge.

J'ai toujours gardé le plus profond silence sur ce que je savais de relatif à ce crime. Les sept coquins dont je parle, remplissent des emplois ou des professions honorables : qui croirait que je n'ai pas eu d'ennemis plus acharnés ; que ces brigands ont, à toutes les époques, cherché à prévenir mes concitoyens contre moi ? Scélérats, si vous n'étiez pères de famille, je vous flétrirais dans mes écrits ; je l'aurais déjà fait, si la vengeance, comme l'a dit *Bacon*, n'était une espèce de justice sauvage.

Le sort me favorisa, et décida irrévocablement que je ne serais point soldat. Je ne fus pas plutôt libéré, que mes parens parlèrent de me marier ; ils voulaient créer de nouveaux liens pour me retenir auprès d'eux : l'amour avait passagèrement embelli mon existence, la volupté ne la remplit jamais ; mon imagination, qui avait d'autres besoins, imposa silence à toutes mes affections. Je partis une seconde fois en présence d'un torrent de larmes, car les amis et les voisins s'en mêlèrent ce jour-là.

CHAPITRE VIII.

Paris, ville de bruit, et de boue et de fange.

DELILLE.

J'ARRIVAI à Paris, je me logeai rue de Grenelle-Saint-Germain. Je sortis le lendemain par un temps pluvieux; le premier cri qui frappa mes oreilles, dans la rue du Bac, fut le jugement de Louis de Bourbon, duc d'Enghien: faute capitale, crime inutile, que la nécessité même n'aurait pas justifié, parce qu'il ne fallait pas créer cette nécessité. J'ai lu tous les écrits récemment publiés sur cette malheureuse affaire; ils sont pitoyables; le grand homme lui-même bat la campagne.

La première personne de connaissance qui frappa mes regards, fut M. Decazes, qui, couvert par un parapluie, considérait les chevaux de Corinthe. Nous nous reconnûmes, et notre liaison data de ce jour-là.

J'allai rendre ma visite à M. Jaubert, il m'accueillit avec amitié; sa vieille mère m'embrassa en me disant : *Adieu, mon cher Petit.*

Après avoir parcouru Paris avec la soif d'un

provincial, je fus me faire inscrire à l'Académie de législation, où je trouvai plusieurs anciens camarades.

La première affaire que je plaidai à l'Académie (c'était sur une question de rente mêlée de cens), fut la cause de ma perte. Je fus complimenté publiquement par Regnault - de - St.- Jean - d'Angeli, et surtout par le régicide Mailhe.

Il y avait aussi à cette séance un vieux notaire ruiné qui jouissait alors d'une grande réputation; il avait bien, comme notaire, un mérite spécial; mais dans son petit comité il vous disait confidentiellement, que Montesquieu, qu'il n'avait jamais ouvert, n'était qu'un sot; il s'étonnait aussi parfois des immenses préparatifs que Bonaparte faisait pour descendre en Angleterre, trouvant qu'il serait plus économique d'y aller par terre. Un pareil homme était membre et professeur à l'Académie.

Ce vieux praticien me prit en affection, employa tous les moyens de séduction pour m'attirer chez lui; il se fit aider dans ce beau projet par M. Bruguière du Gard, qui était directeur de l'Académie. Ces deux Messieurs réunis m'accablèrent d'espérances. M. D., qui prétendait n'avoir que douze clercs de luxe, seul bon mot que je lui aie entendu proférer, finit par m'entraîner dans son étude. La plupart des hommes, pour arriver à leurs fins, sont plus capables d'un grand effort que d'une longue persévérance. Leur paresse ou leur inconstance leur fait perdre le fruit des meilleurs commencemens; ils se laissent souvent devancer par d'autres qui sont partis après eux, et qui marchent lentement mais constamment.

Si mon lecteur a daigné me suivre attentivement, je le prie de s'arrêter un moment pour examiner la figure que je devais faire dans un carton à minutes.

Les douze clercs de luxe existaient véritablement; c'était l'assemblage le plus baroque qu'on puisse imaginer; c'était en même temps la réunion de tous les vices de l'époque; les recherches voluptueuses de Gnide et d'Amathonte servaient de délassemens à ces messieurs; et quand les clercs, gros bonnets, venaient les visiter, on y joignait les vices de Sybaris et de Pétronne, exécutés en présence du livre de l'Arétin. La première fois que l'on chercha à m'initier à ces mystères, ma répugnance, ou plutôt mon horreur éclata, je quittai la partie. Cette lance ainsi rompue, me fit des ennemis; je les ai retrouvés plus tard, couverts du manteau de l'hypocrisie, faux comme

la servitude, et cachant leurs vices sous des titres
que la vertu seule devrait revêtir (1).

M. D.... vendit son office et trouva le secret
de me faire perdre 7,000 francs que je lui avais
généreusement prêtés.

Je passai clerc chez M***, notaire; celui-là quoique jeune n'avait pas été gâté par des vices dégra-
dans; il ne s'occupait pas de la partie *voluptueuse*
dans sa maison; mais il reflétait sur nous toute la
morgue impériale. Un jour il entre en fureur, et se
dirige vers moi! « Eh quoi ! me dit-il M ..., vous
qui ne manquez pas d'instruction, pouvez-vous
laisser passer de pareilles fautes? Cicéron termi-
nait-il aussi sèchement ses harangues? — Qu'y
a-t-il, Monsieur? lui répondis-je. » Il me montra une expédition où le clerc avait terminé par
ce mot, *notaire*. Il fallut ajouter *impérial*. Son

----

(1) Voilà comment s'expliquent les contradictions
apparentes qu'on remarque dans la conduite de tant
d'hommes remplis de scrupules à certains égards, trom-
peurs et fripons à tant d'autres, foulant aux pieds les plus
sacrés devoirs, et fidèles jusqu'à la mort à des engage-
mens illégitimes. C'est ainsi que les hommes les plus
corrompus rendent toujours quelque sorte d'hommage
à la foi publique; c'est ainsi que les brigands mêmes,
qui sont les ennemis de la vertu dans la société, en ado-
rent le simulacre dans leurs cavernes.

étude me fournit l'occasion de me faire reconnaître par Murat, qui m'a depuis fort bien traité.

Nos chambres de clercs étaient sous le toit, et
nous avions ce qu'on appelle le plomb sous le
nez ; ce plomb communiquait à celui d'un hôtel
qu'occupait Mlle...., et la pension qu'elle dirigeait. La jeunesse ne respectait rien alors ; nous
aplanîmes les difficultés, le plomb devint une
route commode qu'on parcourait sans danger.

Soliman, le grand Soliman n'eut jamais dans
son sérail une plus jolie collection d'odalis-
ques ; une jeune Lédy surtout, qui avait l'âme
d'un guerrier, la beauté de Vénus et la plume
de Sévigné. Les repas que ces demoiselles venaient prendre avec nous étaient plus délicats
que ceux que Mme. N.... offrait *si généreusement.*
Je serais resté plus long-temps chez M***, si
M. Lacretelle jeune qui demeurait dans la maison, et qui ce jour-là ne dormait pas aux Bonnes
Lettres, ne se fût aperçu du manége.

J'ai revu dans le monde ces jolies personnes,
revêtues du titre de femme de notaire, baronne,
comtesse, etc.

Ma troisième station eut lieu dans le Marais,
chez le brave M***. C'était un de ces gaillards
d'autrefois, qui s'occupait si peu de son étude
que lorsqu'un client entrait par une porte, il se
sauvait par l'autre. Il changeait de maîtresse

régulièrement tous les mois, il les meublait, et les clercs vivaient là comme à sa table. Ce joli métier devait le conduire et l'a conduit à l'hôpital.

Pendant la durée de ma cléricature, je revis Mailhe, je le vis souvent, et je rencontrais chez lui Barrère, Quinette, Lamarque, mon compatriote, le farouche Amar et l'abbé... (1) J'appris là toutes les anecdotes de la révolution, mais comme elles sont connues, il est inutile de les reproduire ici. Ces Messieurs voyaient dans Bonaparte le continuateur de la révolution et de ses principes; Amar seul protestait; toutes les prédictions qu'il leur faisait en ma présence se sont réalisées, sauf une qui est encore dans l'avenir.

Mailhe était bon jurisconsulte et homme d'esprit, il était même poète. Il me racontait un jour que le plus grand chagrin qu'il eût éprouvé dans le cours de sa vie, c'était d'avoir

---

(1) Je voudrais bien voir publiés, en regard l'un de l'autre, le petit écrit de Franklin, intitulé le *Bon sens*, ces cinquante lignes qui émancipèrent l'Amérique du Nord, et un des mandemens de Mgr. l'évêque de Troye pour le carême et pour l'avent. Je ne pense pas que le succès pût être douteux en France; je parierais pour l'*Homélie*.

6..

été condamné à la déportation comme royaliste ; il fallait l'entendre raconter son voyage à l'île de Ré avec ses compagnons d'infortune ; son accent provençal rendait sa narration plus âpre, et semblait exagérer ses opinions, qui, au surplus, n'avaient pas besoin de cette enluminure. L'abbé... ne me perdait pas de vue ; comme il ne partageait pas les opinions de ces Messieurs, il se joignait à moi pour avoir un renfort.

Enfin je fus reçu notaire, et, malgré toute ma répugnance, je m'étendis sur ce lit de paresse , qui devint pour moi le lit de Procuste. (1)

---

(1) J'y fus principalement entraîné par un médecin, vieux garçon qui depuis quatre-vingts ans guette les clercs de notaire qui paraissent lui offrir quelques avantages pour les intrigues d'intérêt, au milieu desquelles il a passé sa vie. Son expérience, son avarice et sa cupidité jouent toujours à coup sûr contre l'inexpérience et la crédulité du jeune âge. Mais, me dira-t-on, il est médecin, et vous en faites un homme d'affaires. La médecine fut son premier métier, ce n'était pas sa vocation ; il ne s'en est servi que comme moyen.

Il parcourt le matin toutes les chambres et tous les greffes du palais, et visite les notaires, les avoués et les huissiers ; le soir, malgré son âge, le boulevard et quelque foyer de théâtre. Il va voir les vieilles actrices et fait des mariages. Il plaide depuis soixante ans dans tous les tribunaux de France, quoiqu'il soit plus près de son tombeau que de la fin de ses affaires : il n'y a point eu au Palais depuis tout ce temps de causes célèbres, ou de procédures embrouillées, où il ne soit du moins intervenu. Tout le monde le connaît ; il sait et connaît tout. Ami de tous, et haï de tous, il n'y a guère de famille qui ne se plaigne de lui. Appliqué successivement à saisir une terre, à obtenir un *committimus* ; outre qu'il assiste chaque jour à quelqu'assemblée de créanciers, partout syndic de directions, subrogé-tuteur et membre né de tous les conseils de famille, il a des heures pour ses visites ; vieux meuble de ruelle où il parle procès et lit les affiches. Vous l'avez laissé au Marais, et vous le retrouvez à la porte St.-Honoré, où il vous a prévenu, et où il parle encore procès. Il joue le rôle de M. *Vautour*, et sa cuisinière est obligée de le voler pour le nourrir. Sa vieille culotte de drap noir a changé de couleur quand on la lui arrache. Joignez à cela une goutte qui souvent le paralyse, et voyez ce vieillard octogénaire allant plaider à Toulouse comme un autre passe le Pont-Royal.

De tels hommes emploient une longue vie à se défendre des uns et à nuire aux autres, et ils meurent consumés de vieillesse, haïs de tout le monde, après avoir causé autant de maux qu'ils en ont soufferts.

CHAPITRE IX.

Lis est quodcumque notamus (1).

J'ÉTAIS alors un jeune arbre dans la pléni-
tude de sa force, dans tout le luxe de la végé-
tation ; les années et les dégoûts se sont chargés
de l'émonder.

Le hasard qui fait tant de choses, m'avait
placé en face de la Banque de France, dont
M Jaubert (2) était gouverneur ; il était assez
bizarre qu'un vieux légiste qui avait pâli toute
sa vie sur *Cujas*, vînt présider les escomptes

---

(1) La légende notariale, qui prouverait au besoin
que ces Messieurs ne disent pas toujours vrai, porte :

Lex est quodcumque notamus ; ce qui veut dire :
« Tout ce que nous écrivons devient loi. »

J'ai remplacé le mot *lex* par le mot *lis,* ce qui veut
dire :

Ce que nous écrivons est matière à procès. »

Il me semble que ma version vaut mieux que la leur.

(2) Un grain d'esprit et une once d'affaire font *l'important.*

d'une banque; mais c'était comme cela : j'entendais même quelquefois ses flatteurs lui dire qu'il était le premier financier de l'Europe.

M. le comte était galant : moi qui connaissais les causes de son divorce, je savais à quoi m'en tenir sur sa toute *puissance*, et un sérail pour M. Jaubert me paraissait un objet de pur luxe. Cependant le sérail existait; il y avait même une sultane favorite que j'ai eu l'honneur de recevoir chez moi depuis, remplissant à merveille les fonctions de sœur quêteuse; je l'ai même souvent rencontrée à Saint-Roch, édifiant les fidèles par sa profonde piété.

M. Jaubert n'avait pas de secrets pour sa vieille mère, et la bonne femme n'en avait pas pour moi; elle venait exprès dans ma chambre pour m'en entretenir, en sorte que sans me déplacer, j'assistais au conseil-d'état.

La Garonne coulait au milieu du salon de M. Jaubert, et ses heureux enfans purent s'apercevoir fréquemment que, dans ce temps-là, ses eaux ressemblaient à celles du Pactole.

Un enfant fut fait dans le sérail à l'insu du maître; il fallait le cacher au mari, qui pourtant était un assez bon homme; je fus chargé de cette commission. La coupable s'est sauvée dans un bureau de charité. Je n'ai jamais violé

son secret; pourtant elle baisse les yeux lorsqu'elle m'aperçoit.

Le salon de M. Jaubert recevait le trop plein
de celui de Cambacérès ; c'était là que les ambitions s'essayaient.

Nous étions à l'époque où, dans un moment
de délire ou de brutalité (1), Napoléon avait
créé ce qu'il appelait sa noblesse ; il voulait
sans doute décrasser la révolution, il prit le
plus mauvais moyen.

Il fallut d'abord pourvoir au nécessaire, et
puis au superflu ; ensuite arrivèrent les délices,
et puis les immenses richesses, et puis des sujets, on voulait même des esclaves; le créateur
n'eut pas un moment de relâche. Ce qu'il y
avait de plus singulier, c'était que moins les
besoins étaient naturels, plus les passions aug-
mentaient, et, qui pis est, le pouvoir de les satisfaire : de sorte qu'après de longues prospé-
rités, après avoir englouti les trésors du monde,
désolé et fait tuer des millions d'hommes, nos
héros finirent par trahir leur bienfaiteur, qui
ne pouvait plus leur livrer l'univers.

Lorsque, pour la première fois, ces comtes,

---

(1) La brutalité peut être le vice d'un homme supérieur.   LA BRUYÈRE.

ces barons de huit jours se trouvèrent réunis dans ce salon, ils étouffaient, ils ne pouvaient pas parler; la sottise ne remporta jamais un pareil triomphe ! *Pastillos Ruffilus olet, Gorgonius hircum* (Hor. sat. ii.) (1). La première parole sortit de la bouche de M. Jaubert; il l'adressa à un baron-financier, qui lui répondit : « Oui, M. le comte, j'ai réglé les comptes de *l'architéque.* » Je mis mon mouchoir sur ma bouche et je tournai le dos. M. Jaubert aperçut mon mouvement, il ne put pas se contenir, il partit par un éclat de rire.

L'homme rouge, ou feuille morte, était commis; il est baron.

C... vendait des marionnettes et des poupées; il est baron.

A......, avec un peu d'acide, vendait l'eau de la rivière en bouteille; il est baron.

Le praticien qui grossit son mémoire et se fait rembourser des frais qu'il n'avance pas, prêtait à cent pour cent, et sur gages; il a deux gendres, comtes et pairs de France.

Cette autre, femme d'un tabellion qui vendait jadis des chevaux, est aujourd'hui une grande dame; elle tranche de la princesse; son

---

(1) Ruffilus sent les pastilles, et Gorgonius le gousset.

gendre est vicomte, et mieux encore ! Dieu protège cette lignée qui semble être stérile.

Ce baron était fournisseur; il battait monnaie: on devait le pendre, mais on ne pend pas les préposés aux vivres. On l'appelait dès-lors *le Glorieux*.

Ces deux baronnes montaient jadis des bonnets, elles portent des chapeaux et gardent le silence : elles s'étaient couchées roturières, et se levèrent nobles.

L'affection véritable qu'avait pour moi M. Jaubert, la protection visible que m'accordait Murat, d'autres relations qui en étaient la conséquence, attirèrent chez moi la ville et la cour; ma clientelle devint bientôt colossale; mon étude, sans perdre sa destination primitive, se vit transformée en bureau d'esprit; M. de Talleyrand (1), l'abbé de Pradt, le marquis de Sémonville, l'abbé Feletz, Decazes, Benjamin-Constant, et tant d'autres en devinrent bientôt les habitués. J'étais à la mode.

On distribuait alors les croix de la réunion de Hollande, M. Jaubert, qui avait, comme on dit, promis à ses assidus plus de *beurre* que de *fromage*, ne put tenir parole à tous. J'ai vu, postérité tu peux m'en croire, un magistrat qui prétend avoir été royaliste depuis la défense du

______

(1) Le guerrier et le politique habile ne font pas le hasard, mais ils le préparent   (*Caract.*)

Roi-martyr, et plusieurs autres qui siégent ou ont
siégé au côté droit, pleurer de désappointement; je
dis pleurer, ce qui veut dire verser des larmes.

L'institution de la nouvelle noblesse avait transformé tous, ou presque tous les bourgeois aisés de
Paris en bourgeois-gentilshommes ; les jeunes
personnes surtout voulaient des héros à jambe
de bois; les bals de la ville, les bals de Murat
où j'assistais, étaient autant de lieux où naissaient
ces orgueilleuses ardeurs. J'étais là, j'y recueillais
les premières confidences, et plus tard les contrats.

Un jour la femme d'un chef de finance, qui
brillait alors par la beauté de sa signature, vint
me prier de m'intéresser pour sa fille, en me
signalant un *brave* mutilé dont le portrait se
trouvait chez le peintre R... Le brave était justement un de mes camarades d'enfance. L'affaire
fut bientôt ajustée ; j'en ai même reçu des reproches que je ne méritais pas. Je fus cependant embarrassé par une question que cette
mère se permit sur la famille du futur ; il était
fils d'une marchande de modes ; heureusement
que la questionneuse avait commencé par exercer
cet état avant d'être baronne.

La noce finie, j'eus bientôt toute la famille
sur les bras; on organisait des gardes-d'honneur;
il y avait dans cette famille un neveu, fils d'un
joueur de flûte, qu'on voulait illustrer. Le finan-

cier à la belle signature vint me prier de recommander ce jeune homme à M. de Ségur; je le lui promis : « N'oubliez pas surtout, me dit-il avec le ton et le langage d'un parvenu, de dire à M. de Ségur qu'il y a *quatre barons* dans ma famille. » Ce mot de quatre barons me fit frémir, je crus entendre la voix des quatre barons féodaux du Périgord.

J'étais accablé de demandes, et ceux ou celles que je ne pouvais satisfaire, me quittaient mécontens et se faisaient mes ennemis.

Un avocat, procureur, homme d'affaires, qui avait signé le mémoire de Moreau à la suite; qui tenait une grande maison, et chez lequel j'avais rencontré l'ambassadeur *Turc,* se mit après moi pour que je fisse sa fille comtesse. Sa fille était charmante, une taille superbe, la beauté de la Camille Romaine. Cette jeune personne m'intéressa, je l'épiai et la rejoignant dans un des bosquets d'Auteuil je lui fis sa leçon pour qu'elle contrariât les projets de son père. L'époux que convoitait cet ambitieux, était le lieutenant-général (1)... Je demande à ceux qui connaissent

______

(1) Vous vous agitez, vous vous donnez un grand mouvement, surtout lorsque les ennemis commencent à fuir et que la victoire n'est plus douteuse, ou devant une ville après qu'elle a capitulé. Vous aimez pendant

cette *grandeur*, si j'avais tort. Eh bien! ce père *infortuné* ne m'a jamais pardonné cet excès de franchise; une ambition rentrée lui a tourné le peu d'esprit qu'il avait. La Faculté le tient pour fou; mais moi qui n'ai pas grande confiance en la Faculté, je le tiens pour imbécile.

Je n'en finirais pas si je voulais rapporter ici toutes les folies dont j'ai été à cette époque le malheureux confident.

Ces contrats de mariage me conduisaient souvent aux Tuileries, pour les signatures; la première fois que j'approchai du grand homme, il me demanda si la future était jolie, en présence du mari, son ancien ami de Brienne, qui était royalement laid; la mariée était encore plus laide; elle avait en outre les yeux bordés de rouge. Je fus embarrassé, l'Empereur s'en aperçut et rompit brusquement avec nous.

Une autre fois je lui vis prendre l'oreille du futur, il la tira fortement, car je vis l'empreinte de ses doigts. J'entendis qu'il lui disait distinctement: « F....., j'espère que tu seras sage à l'avenir. »

---

un combat à paraître en cent endroits pour n'être nulle part, à prévenir les ordres du chef de peur de les suivre: votre valeur serait-elle fausse ?   (*Caract.*)

Une autre fois enfin j'étais seul avec mon contrat, parce que le futur était parti la veille pour la funeste campagne de Russie; Napoléon discutait avec feu, et son interlocuteur était le conseiller d'état De Fermon : « M. le comte, lui disait-il, vous savez mieux que personne que j'écoute les bonnes raisons quand on m'en donne; oubliez qui je suis lorsque nous discutons ensemble. » *Marc-Aurèle* n'aurait pas mieux dit.

Je ne sais si la reconnaissance, qui est habituellement la vertu des belles âmes, aura réservé un sort honnête au cheval dont se servait alors M. de Cazes; ce pauvre animal a fait, à ma connaissance, pendant six ans, à-peu-près tous les jours, le voyage de Paris à Pont-sur-Seine, de Pont-sur-Seine au Plessis-Piquet, qu'habitait alors le grand-juge Regnier; il rabattait sur Paris pour assister au coucher de Cambacérès, et finissait par le salon de M. Jaubert. Pauvre bête ! j'ai bien souvent pensé à toi !

Ce tourbillon d'affaires, de plaisirs et de ridicules, m'avait fait oublier que j'appartenais à une compagnie jalouse; que les clients qui abondaient chez moi sortaient de quelque part; depuis plus de six mois je n'y avais paru, c'était un tort, lorsque je reçus une lettre du syndic, qui me *citait* pour la prochaine réunion; j'y fus pour connaître mon crime. Je l'appris. Je ne mettais pas de *paraphe* au bout de ma signature. *Risum teneatis* (1)?

Il faut que j'expédie tout de suite, pour ne plus y revenir, les quatre *archontes* qui présidaient ce grave aréopage.

Le premier, homme divorcé, traînait sa lourde et monotone existence à la suite d'une altesse, qui passait pour avoir des goûts qu'on n'avoue pas; à la chute de l'altesse, le tabellion poussa l'imitation jusqu'à tomber; s'il se fût blessé tout seul, il n'y aurait eu que demi-mal, mais les éclats de la bombe blessèrent beaucoup de monde.

Le second, homme d'esprit, ce qui est rare chez ces messieurs, vivait avec une actrice du Théâtre-Français, qui le ruina, et par lui beaucoup d'autres. Il se fit justice en se brûlant la cervelle.

Le troisième avait une espèce d'esprit qui rend la stupidité plus apparente (2); fier comme un paon, il se carrait comme cet animal; il parlait mœurs, et, marié, il vivait en concubinage avoué avec une lingère, qui avait des enfans de lui. Parlait-il délicatesse? il passait sa vie à courir la clientelle de ses confrères; de la politique? je l'ai vu parler comme Fouché, dont il était l'ami,

----

(1) Qui pourrait ne pas rire?

(2) Le stupide, est le sot qui ne parle point, en cela plus supportable que le sot qui parle.　　(*Caract.*)

et conduire les fédérés à Bonaparte. Enfin, un coup-d'œil gracieux du comte d'Artois reproduisit la fable de la grenouille. Le malheureux mourut sur place. Où diable l'orgueil va-t-il se nicher? C'est cet honnête homme, qui me donnant une leçon de morale, me disait : « Il n'est pas défendu d'écorcher la poule, mais il ne faut pas qu'elle crie. »

Le quatrième désarme la satire; c'est un vieil enfant, qui a conservé tous les goûts de la jeunesse; qui traîne sa nullité sur les boulevards; qui ne pouvant plus offrir aux prêtresses de l'Opéra l'encens qu'elles exigent, se contente de simulacres crapuleux. Quand j'entrai au milieu de ces grues, j'entendis un bruissement qui me rappela involontairement le ramage d'une basse-cour; je me tâtai; et que mon lecteur me passe ce trait d'amour-propre, je me crus cygne : *Cygnum metamorphosis.* (Hor.)

CHAPITRE X.

O matris pulchræ filia pulchrior.
Hor.

Fille tendre d'une mère excellente.

« Il y a dans quelques femmes une grandeur arti-
» ficielle attachée au mouvement des yeux, à un air
» de tête, aux façons de marcher, et qui ne va pas
» plus loin, un esprit éblouissant qui impose.
  » Il y a dans quelques autres une grandeur sim-
» ple, naturelle, indépendante du geste et de la
» démarche, qui a sa source dans le cœur, un mé-
» rite paisible, mais solide, accompagné de mille
» vertus, qu'elles ne peuvent couvrir de toute leur
» modestie, qui échappent, et qui se montrent à
» ceux qui ont des yeux.

» La Bruyère. »

Au milieu de ce débordement d'ambition, de folie et de libertinage, j'ai connu deux époux que l'intérêt et l'orgueil n'avaient pas réunis; tous deux paraissaient nourrir une de ces affections infinies qui embrassent et remplissent le cercle entier de l'existence; l'homme qui sait aimer, celui qui obtient tant de dévouement, un retour si tendre, peut-il être un pervers?

Je me mariai, j'eus des enfans, douze ans se

sont déjà écoulés au moment où j'écris ces mémoires.

M. Muraire, premier président de la cour de
cassation, et père de la première femme de M. Decazes, vint un jour me confier ses peines; il avait
reçu quelques services d'argent d'un juif nommé
C..., au retour de son exil, après le dix-huit
fructidor; peut-être aussi y avait-il quelqu'affaire
de cœur; le juif était malin, et Muraire aimait
le sexe.

Le juif lui faisait renouveler ses effets tous les
trois mois, et ne lui remettait pas les anciens
effets acquittés. Un jour le coquin d'enfant d'Israël
lâche tous ces effets anciens et nouveaux sur la
place; il n'y en avait que pour quatorze cent mille
francs.

Comment parer un si effroyable coup! J'aimais
Muraire, il me le rendait bien; j'accours chez
M. Decazes, que je trouvai dans son bain; je lui
raconte l'événement. Il reçut froidement ma
confidence, et me répondit: « Je n'y peux rien;
au surplus, Muraire n'a jamais rien fait pour
moi. Hier encore, il y avait une place vacante à
la cour de cassation, M. Joubert l'a obtenue. —
Je sais bien, lui répondis-je, que pécuniaire-
ment parlant, vous ne pouvez rien pour nous,
mais aidez-nous de vos démarches, de vos sollicitations. — Non, je ne veux pas m'en mêler.

« —Decazes, lui dis-je assez sèchement, quelqu'ingrat que vous supposiez Muraire, il est votre beau-père; l'Empereur l'aime; vous m'avez dit que vous aviez bien le roi de Hollande dans votre *manche*, mais que l'Empereur ne vous aimait pas. Muraire sur pied, vous protège tout en ne vous servant pas; avili, dans la boue, il vous entraîne dans sa chute. »

M. Decazes s'élance de son bain, me saute au cou, m'inonde sans proférer une parole; il s'habille rapidement, ne se donne pas le temps de déjeuner, et ne me quitte plus.

Je savais que l'Empereur aimait personnellement Muraire; je donnai à celui-ci l'idée de lui écrire, de lui avouer sa position; Muraire avait beaucoup de fondant dans le style, il fit sa lettre sur mon bureau, elle était exquise, et Decazes partit à l'instant même pour Mayence, où l'Empereur se trouvait pendant l'armistice d'Arta.

M. Decazes fut reçu par Napoléon, il se jeta à ses genoux et lui remit la lettre du président. Napoléon releva M. Decazes avec bonté, lui parla pour la première fois, le traita avec bienveillance, et lui remit, comme premier à compte, un mandat de trois cent mille francs sur des coupes de bois.

M. Decazes revint à Paris, il débarqua chez moi, Muraire s'y trouvait; ce fut dans mon arrière-cabinet qu'eut lieu leur entrevue. J'étais présent; les larmes de M. Decazes se répandaient avec profusion; leur illacrité et leur abondance m'en firent distinguer la couleur: je vis là, pour la première fois, que les larmes de l'ambition ne ressemblaient pas aux larmes de l'amour.

CHAPITRE XI.

Castigat ridendo mores.
Je châtie les mœurs en riant.

J'ai toujours été étonné qu'aucun poète comique n'eût exploité la riche mine que lui offrait une corporation placée à la tête de la bourgeoisie de Paris, ses vices, ses travers, sa sottise, ses intrigues amoureuses, sa cupidité surtout, qui m'a souvent mis à même de me dire à part moi : c'est vraiment une chose incommode que la conscience. Molière, dans son notaire Bonnefoi (1), celui qui fait plier la coutume, n'a fait qu'indiquer le filou. Allons, disciples de Thalie, suivez-moi, je vous introduirai dans la mine, je ne vous arrêterai que sur le territoire de Thémis.

J'ai connu, pendant mon séjour dans ce pays-là, un notaire qui, de sa vie, n'a rédigé un contrat; assez bonhomme d'ailleurs, qui a trouvé le secret de gagner cent mille livres de rente en disant aux vieilles marquises du Faubourg-Saint-

______

(1) *Malade imaginaire.*

Germain : « Madame la marquise, vous avez encore de bien beaux yeux. » Il est vrai que lorsqu'il rendait ses visites, il avait soin de remplir ses *larges poches d'habit* de gimblettes pour les jolis petits chiens de ces patriciennes ; j'ignore quelle était la formule qu'il employait pour aborder ces chiens *privilégiés*.

Plaute, Térence, Molière même, en offrant les portraits des fils de famille dissipateurs, ne leur donnent que des esclaves ou des laquais pour compagnons de leurs folies. Je vais en présenter un, qui avait pour amis un notaire et un maréchal de France dont il était l'aide-de-camp.

Ce maréchal de France mangeait et devait beaucoup ; malgré les énormes bienfaits qu'il obtenait du souverain d'alors, son crédit était si nul que son marchand de chevaux lui disait *do ut des* (1). Ce maréchal de France était l'ami de l'opulent Géronte, père de son jeune aide-de-camp. Il conçut le projet de se servir de la signature du jeune homme pour se procurer ce qu'on refusait à la sienne. Ce fut le notaire de M. Géronte qui honnêtement se chargea des négociations.

365,000 fr. de lettres de change, souscrites par le jeune homme, soit pour son propre compte, soit pour le compte de l'anonyme maréchal, vin-

---

(1) Donnez, ou je ne donne pas.

rent à échéance. Géronte se fâcha et consulta son ami le maréchal, le mentor de son fils, qui lui répondit : « C'est une faute sans doute, mais c'est la première; il faut payer les dettes de votre fils, et nous lui donnerons une bonne leçon. »

Géronte paya, et accompagné de ses amis, le notaire et le maréchal de France, il fut au lit de son fils, le réveilla. « Comment, Monsieur, vous dormez jusqu'à onze heures un jour d'échéance? » Le jeune homme réveillé en sursaut, voyant les billets dans les mains de son père, voyant d'ailleurs le notaire de sa famille et le maréchal autour de son lit, crut que tout était d'accord entre eux, il s'apprêta à recevoir la leçon.

L'épée du maréchal fut placée sur le lit; l'auguste dissipateur, pour ne pas dire autre chose, s'adressant à son jeune Télémaque, lui dit : « Jurez, jeune homme, sur ce fer qu'ont respecté les combats, que cette faute sera la dernière. » Le notaire qui pliait aussi comme M. Bonnefoi, prit acte sans doute de cette prestation de serment.

Géronte a connu plus tard cette filouterie, et le jeune homme, ayant suivi les nobles exemples qu'il avait reçus, son père n'a plus voulu payer ses nouvelles folies. *Narcisse, qu'en dis-tu?*

J'en ai connu un autre, marguillier, dévot, et se disant royaliste, qui, connaissant les goûts d'une vieille Sapho, duchesse et très riche, ne lui procurait pas des Phaons, mais des Lesbiennes; il vivait pardessus le marché, promenait ces nymphes, et faisait des contrats. Il avait procuré une certaine Italienne, qui devint pour lui la nymphe Io. La duchesse s'est ruinée, mais non pas le notaire complaisant.

Un autre qui, voulant s'approprier la fortune d'une malheureuse fille qui ressemblait à Ésope, se fit faire une donation après décès; la mort n'arrivait pas, et le garde-note était impatient de jouir. Il conçut et exécuta l'honnête projet de mettre cette infortunée sous la protection de Lucine, bien certain que la bonne déesse ne la débarrasserait pas de son fardeau. Ce qu'il avait prévu, arriva; la malheureuse bossue mourut pendant l'assaut.

Un autre qui, profitant de l'exil d'un duc, abusa de ses pouvoirs, et fit des baux de vingt-sept ans, à un tiers de leur valeur réelle. Le duc arriva, heureusement pour lui, au moment où ses biens allaient être vendus, sans nécessité, sur le prix des baux courans.

Un autre qui, abusant de la faiblesse d'une vieille fille, et faisant tous les soirs son piquet, pendant deux ans de suite, finit par lui persuader qu'il était son neveu, et obtint, pour prix de sa persévérance, une maison, place......, qui lui rapporte 12,000 liv. de rente.

(105)

Un autre, hypocrite, dévot, membre d'un bureau de charité et de la légion-d'honneur, qui fait la petite semaine et le nantissement sur diamans. Mais je retiens celui-là pour le livrer à Thémis : c'est là que je montrerai aux plus incrédules tout ce que la friponnerie a de plus subtil, la fausse humilité de plus lâche, et l'indiscrétion calculée de plus dangereux.

Vingt autres, souples, adroits, cafards, insinuans, qui ont l'art de se glisser dans les testamens (1), qui y recueillent ce qu'ils appellent un *diamant*, qui se font nommer exécuteurs-testamentaires, pipent le plus clair des successions, et se rendent ainsi, par charité, héritiers de tout le monde, sans compter leurs honoraires, qu'ils peuvent élever à volonté, puisque la loi a eu l'imprévoyance de ne pas les tarifer, ce qui les rend juges et parties dans leur propre cause.

Cent autres..., l'ambition dévorante, l'ardeur d'élever sa fortune relative, moins par un véritable besoin que pour se mettre au-dessus des confrères, inspirent aux notaires un noir penchant à se nuire mutuellement, une jalousie secrète, d'autant plus dangereuse que, pour faire son coup plus en sûreté, elle prend le masque

______

(1) *Captis astutus ubique testamenta senum.*

Hor., Sat. v.

de la bienveillance; en un mot, concurrence et rivalité d'une part; de l'autre, opposition d'intérêts, et toujours le désir caché de faire son profit aux dépens d'autrui. Mais en voilà assez, Messieurs les disciples de Thalie, nous entrerions sur les terres de la justice, et tant pis pour elle, ou plutôt pour les sots, si elle ne fait pas son devoir.

Croyez-vous de bonne foi, Messieurs les poètes, que cette mine vaille le pâté de maître Brigandeau (1)?

----

(1) Plus tard je présenterai cette compagnie sous un autre point de vue.

CHAPITRE XII [1].

Miserrima vidi.
J'ai vu d'effroyables malheurs.

Un ancien courtisan, homme d'esprit, comparait un jour, devant moi, Napoléon à une lyre d'or : « oui, lui répondis-je vivement, mais qui avait une corde fausse. » J'écris en ce moment, assis sur le seuil de la grotte de Fingal ; j'invoque les souvenirs d'Ossian et de Morven ; je cherche la mélodie de ces poètes scandinaves ; j'entends

---

(1) Il m'arrivera quelquefois de contrôler le pouvoir et d'attaquer l'aristocratie dans son esprit exclusif. Pour prévenir toute équivoque, je déclare d'avance que je respecte le trône, et qu'en considérant ce que nous serions devenus, abandonnés à nous-mêmes, j'ai appris à bénir celui dont la main bienfaisante, corrigeant nos institutions, et cherchant à leur donner une assiette inébranlable, a prévenu les désordres qui pouvaient en résulter.

. . . . *Quem te Deus esse*
Jussit, et humaná quá parte locatus es in re,
Disce.

des sons lugubres répétant souvent les mêmes pensées ; je vois de belles lyres, mais il y a aussi des cordes fausses. Cette harmonie est sèche, elle ne remplit pas mon âme ; il me faut d'autres souvenirs. J'aime le soleil et les lieux enchanteurs qu'il favorise. *Argos, Italiam*, font vibrer mon cœur ; les muses des trois royaumes m'assoupissent.

J'allais dormir sur Ossian, si la *Revue d'Édimbourg* ne se fût trouvée sous ma main. J'ouvre cette brochure : le premier article qui frappe ma vue, parle de M. Lafayette, et des éternelles controverses de l'assemblée constituante. Je serais fâché que M. Lafayette vît un outrage dans mes observations : j'ai toujours eu besoin de respecter quelque chose ; les hommes d'abord, leurs opinions, la vieillesse, mais principalement et comme nécessité, l'homme que sa destinée place à la tête des sociétés humaines.

J'ai lu tout ce que la cupidité des libraires vient de mettre au jour sur nos funestes discordes civiles ; j'ai fréquenté des hommes de tous les partis, de toutes les opinions ; je ne dois rien à la révolution que la jouissance des biens moraux que la charte met à ma disposition ; je ne dois rien à l'empire, je l'ai vu passer, mais je n'ai jamais été placé pour le servir, pour en recevoir des récompenses. Je suis impartial, indépendant

par caractère ; ma position politique doit donner
à mon langage un certain crédit.

Que demandaient les cahiers des bailliages ? ce
que Louis XVI accorda par sa belle déclaration
du 23 juin 1789, en 35 articles.

Je fais ici la part de tout le monde ; talens,
force, désintéressement même d'un côté ; faiblesse (1) et générosité de la part du monarque ;
bassesse, trahison, impéritie du côté de ceux que
le trône payait pour le servir. Je ne manquerais
pas d'exemples fameux pour appuyer ce que j'a-
vance ; si on m'y forçait, . . . les noms propres
sont au bout de ma langue.

On ne voulait pas la république, dit-on, et je le
crois, mais on faisait tout ce qu'il fallait pour y
arriver ; on démolissait la monarchie pièce à pièce ;
on désorganisait les troupes qui devaient la protéger avant tout ; on livrait le monarque, sa famille, aux insultes les plus grossières de la plus
abjecte multitude. Un niais, ou un . . . . . (2),
venait, au nom de la commune de Paris, dire à ce
malheureux prince : « Vous n'avez pas besoin de
gardes ; nos cœurs vous suffisent. » Il me semble
voir un pauvre agneau au milieu d'une bande

---

(1) *Quidquid delirant reges plectuntur achivi.*

(2) M. Moreau St.-Merry.

de loups, et l'orateur de la bande lui disant pour le rassurer : « Ne prenez point de bergers pour vous protéger, nos cœurs vous suffisent. »

Le Roi devait se sauver; l'événement a trop justifié sa frayeur. On l'arrêta à Varennes. Je dirai sur cette arrestation ce que j'ai déjà dit sur la mort du duc d'Enghien : « Il ne fallait pas créer cette nécessité. » Cette faute faussa la révolution; tout ce qui est arrivé depuis, en bien comme en mal, n'est que la conséquence forcée de ce malheureux point de départ.

Mais si le Roi se fût sauvé, la révolution eût été refoulée, et nous aurions eu la guerre civile.

Non, les principes sur lesquels posait la révolution n'eussent point péri, parce qu'ils étaient alors, comme aujourd'hui, impérissables (1); et quant à la guerre civile, ce n'eût pas été le plus grand des malheurs. Pour avoir

______

(1) De quelque manière qu'on envisage les droits que prétend s'arroger l'aristocratie, ils sont illégitimes et absurdes. Domination exclusive et droit impliquent contradiction; ils s'excluent mutuellement. Soit d'homme à homme, soit de quelques hommes à un peuple, il est insensé de dire : « *Je fais avec toi une convention toute* » *à ta charge, et toute à mon profit, que j'observerai* » *tant qu'il me plaira, et que tu observeras tant qu'il me* » *plaira.* »

voulu éviter une simple saignée, les hommes
honorables de la Constituante creusèrent le
tombeau de trois millions de Français généreux,
morts sans utilité. Pour me servir de la pensée
de l'historien anglais : « Après bien des mou-
» vemens, des crimes et des secousses, nous
» nous vîmes forcés de recourir au gouverne-
» ment que nous avions proscrit. »

La seule, la véritable cause de tous ces malheurs, je vais la dire, et dans ma bouche elle
ne saurait être suspecte. C'est que des hommes,
d'ailleurs fort estimables, perdirent de vue le
fanal de la royauté, qui, dans notre terre de
France, qu'il ne dépend pas de nous changer,
est aussi nécessaire que le soleil. Barnave, Mirabeau même, le sentirent; mais il était trop
tard, la tranchée était ouverte.

Nous irons à Philadelphie dans un moment;
commençons d'abord par le berceau du monde.
Nous y voyons des pasteurs, mais des pasteurs-
rois; le premier roi a été le premier père de
famille : institution tellement indispensable,
que, dans nos crises populaires, nous avons, ainsi
que les Grecs et les Romains (1), en recours à

____

(1) Les Romains sont ceux qui ont le moins souvent
transgressé leurs lois, et ils sont les seuls qui en aient
eu d'aussi belles.

l'autorité d'un seul. Le nom ne fait rien à la chose : roi, empereur, président, dictateur, c'est le principe, et le besoin de ce principe que je tâche de rendre sensible.

Ce principe une fois admis, et je le crois incontestable, car, à mes yeux, la multitude française n'est pas plus faite pour l'indépendance, que le hibou pour la lumière; voyons ce qui s'est passé en France.

La révolution avait fait table rase; j'ai vu la France sans roi, sans prêtres, sans nobles. Bonaparte paraît : *vis artes et instrumenta regni* (1). (TACITE.) On avait besoin de lui; son premier soin fut de reconstruire l'ancien édifice, et de montrer à la France une royauté bâtarde. La France accourut à l'aspect de ce simulacre royal; tous les Français coururent au-devant de leurs fers, croyant assurer leur liberté; car, avec assez de raison pour sentir les avantages de ce nouvel établissement politique, ils n'avaient pas assez d'expérience pour en prévoir les dangers; les plus capables d'en pressentir les abus, étaient précisément ceux qui comptaient en profiter, et les sages mêmes virent qu'il fallait se résoudre à sacrifier une partie de leur liberté à la conser-

____

(1) Les arts de la puissance et de l'oppression lui sont familiers.

vation de l'autre ! comme un blessé se fait cou-
per le bras pour sauver le reste du corps. Seulement quelques grandes âmes cosmopolites qui
franchissent les barrières imaginaires qui sé-
parent les peuples, et qui, à l'exemple de l'Être
souverain qui les créa, embrassent tout le genre
humain de leur bienveillance, formèrent une
espèce d'opposition.

Les soldats même le secondèrent, cela devait
être ainsi ; qui ne sait que dans les armées,
même les plus nationales, si l'homme qui les
commande a ces qualités éblouissantes qui font
les héros, le soldat confond bien vite l'amour
de la patrie avec l'amour de son chef ? C'est un
entraînement naturel, inévitable, auquel il cède
malgré lui, fort éloigné de prévoir qu'il sert la
tyrannie lorsqu'il ne croit servir que la liberté. Si l'architecte n'eût pas été un sot, malgré
tout son génie, il eût rappelé la clef de la voûte,
qu'il aurait pu placer de la manière qui devait
lui convenir. Cette faute, que rien n'a pu
racheter, fit que son édifice n'eut jamais que
la couleur du provisoire. Il raccommodait sans
cesse, au lieu qu'il eût fallu, dans la position
qu'il avait volontairement créée, continuer à
nettoyer l'aire, et écarter tous les vieux maté-
riaux, comme fit Lycurgue à Sparte ; encore
n'est-il pas certain qu'il eût réussi.

8

J'ai dit dans un de mes précédens chapitres que Napoléon avait créé sa noblesse dans un accès de brutalité; je peignais alors des ridicules, en parlant de choses graves; ma pensée n'en reste pas moins juste, car la noblesse ne s'improvise pas plus que le vieux vin : il ne s'agit pas de savoir si ce vieux vin finit par se gâter, il faut seulement constater que le temps seul peut le rendre vin vieux. Que dirait-on d'un architecte mal habile, qui, ayant sous la main le marbre et le porphire, irait prendre de la terre brute pour bâtir un palais?

Ainsi donc Napoléon et sa noblesse improvisée nous ont démontré que la royauté et les distinctions étaient deux nécessités françaises; je m'en passerais volontiers, si cela pouvait se faire sans inconvénient; mais tout le monde n'a pas mes goûts, je ne vois pas pourquoi je voudrais imposer mes désirs aux autres hommes.

Mais l'ancienne noblesse est incurable, dit-on; on ajoute même qu'elle est sotte et orgueilleuse. Je connais de nouveaux nobles et des hommes à nouvelles idées qui sont assez incorrigibles; par dessus le marché, aussi vains et tout aussi infatués de leurs titres que la plus entêtée marquise du noble faubourg; et qui n'ont pas pour eux cette fille du Temps, cette patronne du genre humain, qu'on appelle prescription.

Parlons franchement, et quittons en politique

le masque dont Tartufe se couvre en religion.
Que veut-on? des priviléges; c'est impossible ailleurs qu'à la chambre des pairs; l'imprimerie et le tiers-état en feraient cruellement
justice tôt ou tard, si on pouvait avoir la folie
de les rétablir. Serait-ce le droit d'aînesse, toutes
les vieilleries du régime féodal? mais il faudrait
pour cela que les ministres eussent perdu tout
souvenir : la nation française connaît la route du
mont Aventin, la cendre des Gracques vole
encore dans le jeu de paume; nous péririons
tous s'il le fallait sur notre sol, en défendant nos
libertés, plutôt que d'aller semer nos os sur une
terre étrangère. « *Peribitis inter gentes et hos-
tilis vos terra cousumet* (Ste.-Écriture). » Le
grand Bossuet lui-même prêcherait aujourd'hui
dans le désert avec sa politique sacrée; Montesquieu est là pour lui répondre (1). Veut-on
une nouvelle race de rois? mais la race qui nous
gouverne, même à mérite égal, en vaut une autre;
j'avoue que je n'aperçois pas ce que nous pourrions gagner à nous en séparer. Leurs mœurs
sont exemplaires; ils sont accessibles pour tout
le monde; ils respectent les lois; leur bonté est

---

(1) « Il faut, dit Bossuet, attendre que Dieu touche
le cœur d'un Néron, et s'il ne lui plaît pas de le toucher,
il faudra périr. »

8..

inépuisable ; pardessus tout, ils sont Français:
c'est le vieux sang de nos aïeux ; ce sont les enfans de Louis-le-Gros, du bon Henri, qui ont
autant d'intérêts que nous à repousser l'ennemi
commun.

Veut-on singer encore une fois l'Angleterre ?
le second essai ressemblerait au premier. Malheur au chef qui le tentera ou le fera tenter.
Le duc de Brunswick avait un grand parti
dans l'aristocratie anglaise, et l'aristocratie anglaise a toujours été un grand pouvoir. Cette
noblesse n'est pas ratatinée ; elle ne passe pas sa
vie dans une antichambre ; elle ne vit et ne pense
qu'au milieu des grandes questions politiques ;
porter l'éventail d'une princesse ou friser un
singe ne lui paraissent pas des distractions suffisantes ; en Angleterre, la richesse et les dignités élèvent le moral de l'homme ; en France ,
elles le rabougrissent. La noblesse de Bonaparte,
pourtant si jeune et si fraîche, est déjà plus
éloignée de l'ordre moral que les enfans de nos
vieux Coradins. La révolution a donné des
mœurs et des habitudes domestiques aux uns,
et la chute de Bonaparte n'a pas corrigé les autres. Je connais tel illustre *moderne*, que j'ai vu
grattant la terre il y a trente ans, à qui cent
mille écus par an ne suffisent plus ! Combien de
bassesses ne faut-il pas pour couvrir de pareils

besoins ? puis faites des révolutions pour faire sortir de la boue de pareils hommes : cela seul m'en dégoûterait.

Veut-on de la république ? est-ce l'exemple de Philadelphie qui nous tente; mais indépendamment des cruelles leçons que nous pourrions choisir dans notre propre histoire, l'Amérique n'est encore qu'une exception dans le monde ; c'est du fruit nouveau qui ne détruit pas l'ordre adopté en Europe depuis mille ans. Tout n'est-il pas contraste dans cette nature, variété, opposition; ici une terre fertile, là un désert ? Au physique comme au moral , il n'est qu'une portion de lumière donnée à la terre ; quand une partie du globe est éclairée, l'autre est dans l'obscurité. La terre ne couvre que des débris; les colonnes de Thèbes, d'Athènes , de Rome, ne sont plus que des torches funèbres; et c'est en présence des débris du monde, sur les tombeaux de trois millions de Français, victimes de nos discordes et de notre imprévoyance, que nous essayons encore ces funestes doctrines !

La république! mais y pense-t-on? en prenant les Français en masse, en est-il un sur cent mille qui puisse seulement la comprendre? Il faudrait donc recommencer la révolution, arracher toutes les semences monarchiques qui sont sur notre vieux sol! Quel est l'honnête homme qui ne frémit pas à une telle pensée! Quand on y parviendrait à force de sang et de crimes, ces semences ne repousseraient-elles pas comme elles l'ont déjà fait? Dans l'absence de nos rois, n'alla-t-on pas en chercher un dans une écurie? Vous démoliriez le Louvre, et vous le remplaceriez par une maison américaine, que par enchantement il repousserait de lui-même.

N'est-ce que de renommée dont vous êtes avides? souvenez-vous de la pomme du lac Asphalte, qui ne laissait que de la cendre sous la dent du voyageur altéré.

Ne combattez-vous que pour l'amour-propre (1), ou pour des intérêts d'amour-propre blessé; je suis porté à le croire, je suis persuadé même que l'intérêt est tout l'homme,

---

(1) Il ne faut pas confondre l'amour-propre et l'amour de soi-même, deux passions très différentes par leur nature et par leurs effets. L'amour de soi-même est un sentiment naturel qui porte tout animal à veiller à sa propre conservation, et qui, dirigé dans l'homme par la raison, et modifié par la pitié, produit l'humanité et la vertu. L'amour-propre n'est qu'un sentiment relatif, factice, et né dans la société, qui porte chaque individu à faire plus de cas de soi que de tout autre, qui inspire aux hommes tous les maux qu'ils se font mutuellement, et qui est la véritable source du point d'honneur et du duel.

plus encore que le style, depuis que j'ai entendu l'oracle du parti libéral soutenir que la démo-cratie coulait *à plein bord*, le jour qu'on chan-geait la loi des élections. *O cæcas hominum mentes!*

La république a péri, parce que le sol ne pro-duit pas de républicains. Napoléon a péri, parce qu'après avoir combattu avec trop de succès la liberté de son pays, il s'imagina avoir détruit la vérité, et qu'il ne sentit pas la différence essentielle qui existe entre la vie d'un grand homme et le tems. Un homme de génie peut s'emparer de son siècle, mais au tems seul appartient la vérité.

Il nous reste le trône de nos rois, la charte, les principes de 89 qu'elle consacre. Nos vérita-bles ennemis sont les cosaques de l'aristocratie et de la cour de Rome, que la charte ne recon-naît pas : combattons-les de toutes nos forces, mais respectons le trône, source de nos libertés (1).

Commençons par les cosaques du Tibre; cette épée nue dont la poignée est à Rome, et qui fut

---

(1) Madame de Maintenon écrivait le 2 février 1687 : « Le Père Lachaise est au mieux dans l'esprit du roi ; il agira désormais sans l'archevêque de Paris.... Vous voyez bien que cette grande faveur va mettre tout le monde aux pieds de la Société de Jésus. »

plongée dans le sein d'Henri III, d'Henri IV, et de Louis XV.

J'ai été élevé par un jésuite; je sens à la trace Messieurs de la *grâce suffisante*, comme les Mexicains reconnaissaient les Espagnols, à l'odeur. Dès la fin de 1810, j'avais été appelé rue de Charonne, pour un testament; j'y vis les hommes du *pouvoir prochain;* j'en parlai à un autre Royer-Collard (je crois faire le plus grand éloge de mon ami en l'assimilant au respectable docteur dont je viens de relever une erreur), il se moqua de moi.

Vers la fin de 1812, me trouvant à Amiens, j'y rencontrai un de mes amis, qui avait ses enfans au Collége de St.-Acheul; nous visitâmes ensemble ce collége, dont la tenue est remarquable. Je dis à mon ami: « Nous sommes ici au milieu *de la grâce actuelle toujours présente;* ce sont des enfans de *Loyola*, les ennemis du grand Arnault, les destructeurs de Port-Royal. —Non, non, me répondit-il, ce sont les pères de la foi. »

Dès 1813, j'étais entouré de jésuites à robe courte, je voyois d'anciens jacobins changer de langage; je voyais des rapprochemens, des associations qui me paraissaient monstrueux; tout rentrait au bercail pour expliquer la doctrine de la *probabilité*. On voulut m'y conduire, un autre père Péteau me tendit les bras et me démontra l'utilité de la conduite *obligeante* et *accommodante*.

Je voyais alors un grand personnage, qui tenait les rênes de l'état pendant la funeste campagne de l'Elbe, quoiqu'il ne fût pas archi-chancelier; je lui parlai des jésuites, je lui prouvai *algébriquement* que même ses bureaux étaient remplis d'hommes qui sauraient au besoin supprimer le *scandale de la croix!* « Quoi, vous croyez, me dit-il bêtement! »

En 1814, M. D........, ancien préfet de Toulouse, qui, à cause de sa femme, se trouvait possesseur de l'abbaye de Nuisement, me chargea de l'offrir à M. l'abbé........., confesseur ordinaire de ...., et de n'exiger que le prix en assignats réduits, et les loyaux coûts qu'avait originairement déboursés son beau-père : l'offre était certainement bien généreuse.

J'allai voir M. l'abbé...........; je le trouvai dans un couvent de femmes, rue du Regard, Faubourg-St.-Germain, où il logeait; il était habillé comme moi, et portait une élégante perruque blonde. Je lui fis part de l'objet qui motivait ma visite; il me répondit, avec sa *grâce obligeante :* « Je suis loin de détourner M. D......
» d'une si louable résolution; il possède un bien
» mal acquis, indépendamment de sa volonté sans

» doute, mais pour louer, pour confirmer une si
» sainte abnégation, il faut qu'elle soit complète.
» Nous ne pouvons rien payer, nous ne lui de-
» vons rien; qu'il ne pense pas à obtenir l'absòlu-
» tion sans une restitution totale. Au surplus,
» dites-lui de ma part qu'il vaut mieux pour lui
» s'exécuter tout de suite et de bonne grâce, que
» d'attendre plus tard; il nous restituera le bien
» mal acquis, et les revenus que lui ou les siens
» ont perçus depuis l'aliénation (1). »

Si ces anecdotes ne suffisent pas aux incrédules,
je les invite à lire attentivement quelques articles
du *Journal des Débats;* c'est là que s'exhale quotidiennement le *superfin* de la doctrine d'Escobar, la *Théologie morale des vingt-quatre pères,*
les *sept Sceaux,* l'*Apocalypse,* les *quatre Animaux, Suarez, Vasquez, Molina* et *Valentia.*

Que Messieurs des *Débats* soient jésuites, c'est
un fait et ce n'est pas un crime, mais leur suffi-
sance, leur orgueil, que la plus grande victoire
ne saurait légitimer, sont des fautes qui aigrissent
des hommes respectables. De grands effets ont
quelquefois été le résultat de plus minces causes.

------

(1) « Ils ont bien trouvé des expédiens pour rendre la
confession douce, mais ils n'en ont point trouvé pour
rendre la restitution agréable. » (PASCAL, *Crime de Si-
monie.*)

Si la terre a produit des Loyola et des Escobar, elle a aussi produit des Pombal et des Choiseul; les jésuites ont obtenu la révocation de l'édit de Nantes, et rasé Port-Royal, mais on les a rasés depuis; le procès s'instruit, on plaide, on ruse, mais on ne juge pas.

Maintenant que je crois avoir prouvé l'existence réelle du jésuitisme en France, je vais répondre à l'article de messieurs les organes de la Trésorerie et de la Compagnie de Jésus. Je sens qu'il est cruel d'interrompre un si beau rêve; il est si doux d'être heureux et de gouverner trente millions d'hommes avec le secours des enfans de Loyola et du romantisme! Cela vous dispense de tout génie politique; mais nous, peuple, qui avons le cauchemar, nous sera-t-il permis de ne pas être de l'avis de ces *certains savans?*

En 1788, des princes, des hommes du pouvoir, provoquèrent et obtinrent la double représentation du tiers-état : cette concession n'était pas juste, elle rompait la balance des trois ordres.

Cette faute mit le pouvoir aux mains du peuple, qui n'en auroit pas abusé contre son monarque, si des grands n'eussent soudoyé les dernières classes contre la couronne. Bailli atteste, et sa probité n'est pas suspecte, que trois grands personnages, familiers de l'œil de bœuf, vinrent le prévenir à deux heures du matin, des mesures que le roi prenait pour sa conservation.

Instruit à l'école de l'expérience et du malheur, son successeur, à sa rentrée en France en 1814, nous donna sa Charte, comme pacte d'une sainte réconciliation. La France lui rendit des actions de grâce.

Ce pacte divisait le pouvoir en trois branches :

Le roi, comme source de tout bien;

Une chambre aristocratique;

Une chambre de députés du tiers-état, qui ne pouvaient être nommés que par des démocrates payant 300 fr. de contribution. L'aristocratie, par l'organe de M. Ferrand, vint montrer le bout de l'oreille; la France se désenchanta, et le monarque se vit obligé de quitter une seconde fois son royaume.

Le roi rentra en 1815. L'auguste vérité, qui, bannie de la terre se réfugie dans le cœur des rois, lui fit prononcer ces sublimes accens : « Mon gouvernement a fait des fautes. »

Qui composait ce gouvernement? l'aristocratie.

Qui fit changer la loi des élections? l'aristocratie.

Qui profite momentanément de cette monstruosité? l'aristocratie.

En 1824, la chambre des députés, dite populaire, se trouve composée d'anciens nobles émi-

grés, ou d'apprentis nobles, sauf dix-sept oppo-
sans; et l'organe des jésuites vante cette prouesse.

Ainsi en 1788 on donnait imprudemment au
tiers-état plus de pouvoir qu'il n'en demandait,
et en 1824 on l'exhérède et on lui *assigne* qu'il
ait à se contenter de l'ilotisme politique.

Mais il faudra gouverner avec ce système :
centupler la fiction nobiliaire, et prouver à trente
millions de Français spirituels, actifs, indus-
trieux, que plus on peut compter de fainéans
dans une famille, et plus elle devient illustre.

Ces trente millions d'hommes savent, ou on
leur apprendra, que la liberté étant la plus noble
des facultés de l'homme, c'est dégrader sa nature,
c'est le mettre au niveau des bêtes esclaves de
l'instinct, offenser même son créateur, que de
lui ravir le plus précieux de ses dons.

Locke leur déclarera nettement que nul ne
peut vendre sa liberté jusqu'à se soumettre à
une puissance arbitraire qui le traite à sa fantaisie;
il leur prouvera que vendre sa liberté, *ce serait
vendre sa propre vie, dont on n'est pas le maître.*

On leur dira que les jésuites ont résolu le grand
problème du système représentatif, que les dernières élections en font foi, et qu'il est clairement
démontré aujourd'hui qu'on peut être soumis au
gouvernement d'une Dubarry, avec trois pouvoirs bien pondérés; qu'avec ce système on verra

l'oppression s'accroître continuellement, sans que les opprimés puissent savoir quel terme elle aura, et qu'on verra les droits des citoyens et les libertés nationales s'éteindre peu à peu, et les réclamations des faibles traitées de murmures séditieux.

On leur dira que l'or du *bon plaisir* s'épuise, et que le fer reparaît, *spoliatis arma surpersunt.* (Sat. 8. JUVÉNAL.)

On leur persuadera facilement que partout où règne le jésuitisme, il ne peut être question de mœurs et de vertu : *cui ex honesto nulla est spes.* Qu'il ne souffre aucun maître, pas même les rois, et qu'aussitôt qu'il parle, il n'y a ni probité, ni devoir à consulter ! L'obéissance ou le poignard.

On leur démontrera qu'il est très difficile de réduire à l'obéissance passive, celui qui ne cherche pas à commander; que le ministre le plus rusé; M. D... ou lord Walpoole ne viendraient pas à bout d'assujettir des hommes qui veulent être libres.

« Ils parleront librement, parce qu'il ne saurait y avoir d'injure là où il n'y a point de propriété morale. » (LOCKE.)

Ils s'apercevront, à mesure que l'aristocratie s'étendra et fleurira, que le cultivateur méprisé, chargé d'impôts, et condamné à passer sa vie entre le travail et la faim, abandonne ses champs pour aller chercher dans les villes le pain qu'il y devrait porter. Les campagnes seront abandonnées, les terres en friche, et les grands chemins inondés de malheureux citoyens devenus mendians ou voleurs, et destinés à finir un jour leur misère sur la roue ou sur un fumier. Les choses se passaient ainsi avant la révolution.

De quelque manière que les Jésuites retournent leur Escobar, ils persuaderont difficilement aux Français, qu'un enfant doit commander à un vieillard, un imbécile conduire un homme sage, et qu'une poignée de favoris doit regorger de superfluités, tandis que la multitude affamée manquera du nécessaire. Quelques esprits mal faits, oubliant que l'ordre social est un droit sacré, qui sert de base à tous les autres, leur diront : « Tant qu'un peuple est contraint d'obéir et qu'il » obéit, il fait bien ; sitôt qu'il peut secouer le » joug, et qu'il le secoue, il fait encore mieux ; » car recouvrant sa liberté par le même droit » qui la lui a ravie, ou il est fondé à la repren » dre, ou l'on ne l'était point à la lui ôter.

» Qu'aliéner, c'est donner ou vendre...; qu'un » homme qui se fait esclave d'un autre ne se » donne pas, il se vend tout au moins pour la » subsistance ; mais un peuple, pourquoi se ven » drait-il ? Bien loin que l'aristocratie fournisse » la subsistance des peuples, elle ne la tire que

» d'eux, et, selon Rabelais, les aristocrates ne
» vivent pas de peu.

» Que renoncer à sa liberté, c'est renoncer à
» sa qualité d'homme, aux droits de l'humanité,
» même à ses devoirs. Qu'il n'y a nul dédomma-
» gement possible pour quiconque renonce à
» tout. Qu'une telle renonciation est incompa-
» tible avec la nature de l'homme, et que c'est
» ôter toute moralité à ses actions que d'ôter
» toute liberté à sa volonté. Qu'enfin c'est une
» convention vaine et contradictoire de stipuler
» d'une part, une autorité *aristocratique* abso-
» lue, et de l'autre une obéissance sans bornes.

» On dira qu'on n'est engagé à rien envers
» celui dont on a droit de tout exiger, et que
» cette seule condition, sans équivalent, sans
» échange, entraîne la nullité du contrat. »

Et que ne leur dira-t-on pas !

La révolution a heureusement fait sortir l'a-
ristocratie du corps des *patriciens*. Resserrez-la
dans la chambre des pairs, que vous avez, avec
assez d'habileté composée de *patriciens* et de
plébéiens ; jetez-y les tribuns lorsqu'ils commen-
ceront d'usurper une puissance active ; car les
mots ne font rien à la chose, un chef est toujours
un aristocrate. Mais refaire le corps aristocratique
dans la chambre populaire ; une aristocratie
cruelle en présence de la France alarmée, c'est

de la démence. Nos enfans peuvent ignorer les crimes et l'oppression de l'aristocratie ; et peut-être comptez-vous sur leur indoctisme, mais nous sommes là pour les instruire. Si la génération actuelle a eu le bonheur de ne pas connaître l'ancien régime, elle a également eu le bonheur de n'avoir pas vu 93. Par-là les deux époques se neutralisent dans sa pensée ; et le colosse de raison et de force qui apparut en 89, rentre dans tous ses droits : c'est un géant qui laisse jouer des pygmées autour de lui.

Vous placez le trône sur le chemin des tempêtes ; vous êtes de mauvais pilotes. Craignez qu'on ne vous reproche encore une fois d'avoir *fait des fautes* ; et Dieu veuille que le correctif n'arrive pas trop tard.

Récompensez les citoyens qui ont bien mérité de la patrie et du Roi par des honneurs, mais jamais par des priviléges ; car la monarchie constitutionnelle périra le jour que quelqu'un pourra penser qu'il est beau de ne pas obéir aux lois. La puissance de la loi dépend plus de sa propre sagesse que de la sévérité de ses ministres ; et la volonté publique tire son plus grand poids de la raison qui l'a dictée. La première des lois, même pour des ministres, est de respecter les lois de l'État ; et la charte est une loi fondamentale.

Comment obtiendrez-vous l'expression de la volonté générale, source et supplément de toutes les lois, et qui, dans un gouvernement représentatif, doit toujours être consultée à leur défaut, si vous ne vous entourez que du privilége? Imprudens qui brisez sans nécessité l'arche sainte; qui remettez en question le moyen d'obtenir cette volonté générale, quand la parole sacrée du monarque a si nettement résolu le problême.

A la Chine, pays où les jésuites n'ont pas eu le temps d'introduire leur système représentatif, le prince, qui est absolu, a pour maxime constante de donner tort à ses officiers dans toutes les altercations qui s'élèvent entre eux et le peuple. Le pain est-il cher dans une province? l'intendant est mis en prison; se fait-il dans une autre une émeute? le gouverneur est cassé, et chaque mandarin répond sur sa tête de tout le mal qui arrive dans son département. Ce n'est pas qu'on n'examine ensuite l'affaire dans un procès régulier; mais une longue expérience en a fait prévenir ainsi le jugement. L'Empereur, persuadé que la *clameur publique* ne s'élève jamais sans sujet, démêle toujours au travers des cris séditieux qu'il punit de justes griefs qu'il redresse. Allez-donc demander des redressemens dé griefs aux mandarins lettrés ou non lettrés des dernières élections (1).

Pour moi qui ne suis ni jésuite ni romantique, mais qui ai la prétention d'être Français, j'obéirai scrupuleusement aux lois et aux hommes qui en sont les ministres. J'honorerai surtout les bons et sages princes qui sauront prévenir, guérir ou pallier cette foule d'abus et de maux, toujours prêts à nous accabler; mais je dirai franchement que le pouvoir qui a fait exclure de la chambre populaire MM. Lafitte, Ternaux et Delessert, trompe le monarque. C'est l'aristocratie qui, pour rendre odieuse la cause du peuple, ne laisse à celui-ci, pour se faire représenter, que des hommes du privilége ou des Camille Desmoulins. « *Si nous avons un prince*, disait Pline à Trajan, *c'est afin qu'il nous préserve d'avoir des maîtres.* » Je regarde les droits moraux que m'assurait la Charte comme perdus; les dernières élections m'en ont déshérité. En droit, on révoque de deux manières, *formellement* ou *tacitement*. Dès que le tiers-état cesse d'être représenté, je ne vois

---

(1) Il y a encore à la Chine, des Mandarins non let-trés, comme nous avions autrefois des gouverneurs de provinces qui ne savaient ni lire ni écrire.

plus le *vinculum juris* constitutionnel. La Charte remise exclusivement aux mains de l'aristocratie, ressemblera bientôt à la statue de *Glaucus*, que le temps, la mer et les orages avaient tellement défigurée qu'elle ressemblait moins à un dieu qu'à une bête féroce.

De nos jours, lorsqu'un homme qui a entrevu les *douceurs* de l'ancien régime, s'avise d'attaquer les effroyables progrès de l'aristocratie, ou on le traite de séditieux, ou bien on lui fait la grâce de le croire fou ! Il nous parle du xve? siècle, dit-on ; et quelle apparence que les mœurs et les lois de ces temps barbares puissent revivre ? Non, Messieurs, je ne parle pas du xve. siècle ; je vais faire connaître à la génération actuelle ce que j'ai vu, et je n'ai pas encore quarante-trois ans.

Par nos anciennes coutumes, qui admettaient les *mains-mortables*, le serf ne cultive jamais pour lui ; jamais la terre qu'il laboure ne peut être son patrimoine. Tout ce qu'il acquiert, tous les immeubles qu'il possède ne lui appartiennent pas davantage : il n'en a que l'usufruit. A sa mort, le seigneur s'en empare, et les enfans en sont frustrés.

Tout Français, tout étranger qui a le malheur d'habiter un an et un jour dans une terre *main-mortable* devient serf, et communique cette tache à toute sa postérité.

Le mariage d'un homme libre avec une serve, rend serf l'époux et ses enfans, s'il partage le lit de sa femme pendant un an et un jour.

En 1779, le bon, l'infortuné Louis XVI rendit un édit mémorable qui abolissait ces coutumes barbares.

En 1782, le parlement de Besançon refusait encore l'enregistrement de cet édit.

En 1784, de graves auteurs, des magistrats, des avocats célèbres disputaient encore aux enfans de ces malheureux, la liberté que le monarque leur avait accordée cinq ans avant.

Je ne parle pas des droits de chasse et de pêche, des rentes, des foi et hommage, du battement des étangs pendant la nuit pour empêcher les grenouilles de crier, des corvées, de la férocité des hauts-justiciers, qui étaient juges et parties dans toutes leurs causes. Je n'ai pas vécu sous François Ier., et j'ai pourtant vu toutes ces gentillesses.

Je crois avoir lu quelque part que l'aristocratie déposa Louis-le-Débonnaire, parce qu'il avait appelé dans son conseil des hommes qui n'étaient pas nobles, et que le clergé fit *chorus*, parce qu'il avait fait marcher une armée pendant le carême.

Sans être Montesquieu, je me chargerais bien de prouver que l'édit de 1779, et quelques autres.

mesures libérales sorties de l'âme de Louis XVI, furent les premières causes de sa fin déplorable; le dire ne suffirait pas, il faudrait cette logique lumineuse qui enchaîne les pensées, les beautés, les épisodes au sujet, ces transitions heureuses, ce fil secret qui fait que l'esprit suit l'esprit dans sa route invisible : enfin, il faudrait penser et écrire comme Tacite et Montesquieu; l'entreprendre et l'exécuter à la manière de M. Lacretelle jeune, mieux vaut ne pas s'en mêler.

Nos armées périssaient dans le même temps, sous le ciel brûlant de l'Andalousie et sous les frimats du Sarmate (1); le sang de nos frères, de nos enfans coulait à mille lieues de nous, pour ce qu'on vient d'appeler une guerre de pure *prévoyance!* Français, méditez ce mot, il est écrit; et qu'au moins cet aveu vous serve de leçon. La liberté n'était plus sous ces drapeaux, mais quelle masse de gloire, de trophées, de souvenirs! leur perte m'arracha des larmes.

––––––––––

(1) *Quum vaga libertas fluviorum inclusa lateret.*

« Lorsque la glace enchaînait l'onde errante des fleuves. » Le vers latin est d'un poète français du cinquième siècle.

CHAPITRE XIII.

Felix qui potuit rerum cognoscere causas.
Heureux celui qui aperçoit les causes secrètes
des choses.

La nouvelle de la perte de la bataille de Leipsik fut connue à Paris un dimanche; je l'appris dans le salon de M. Jaubert à dix heures du soir; j'avais de grands intérêts dans le Limousin et dans le Périgord, mon imagination gagna six mois sur les événemens. Je pris la poste le lundi, à huit heures du matin; trente-trois heures après j'étais à Limoges. En arrivant, je fis appeler près de moi M. le marquis de Bonneval; tout en me rasant, je lui racontai la nouvelle de la bataille; il n'eut rien de plus pressé que de la répandre, et au bout de vingt minutes toutes les autorités de la ville étaient sur pied; on allait décerner un mandat d'arrêt contre moi, lorsque M. de Poulouzat, ancien conseiller au parlement de Bordeaux, et conseiller de préfecture à Limoges, qui me connaissait, prit ma défense et répondit de moi.

Je vis arriver à mon auberge le préfet, le maire, qui était M. Bourdeau, et le respectable M. Poulouzat, que j'embrassai bien tendrement. M. Bourdeau, que je voyais là pour la première fois, porta la parole, me blâma fortement sur mon inconséquence, et m'en fit longuement sentir tous les dangers. Je lui répondis que la nouvelle était certaine. — Monsieur, il nous en faut la preuve, sans quoi nous vous ferons arrêter, jusqu'à plus *ample informé*. Heureusement que j'avais le *Moniteur* du lundi dans ma poche, car ma foi j'allais en prison.

J'arrangeai mes affaires, je recueillis beaucoup d'or, et huit jours après, j'étais de retour à Paris.

Je trouvai le lieutenant-général ..... caché dans la soupente de mon cabinet; il avait trahi à Leipsik, l'Empereur avait donné des ordres pour qu'on l'arrêtât.

Il me raconta son affaire à sa manière, mais il me dit à voix basse : J'ai vu Bernadotte sur l'Elbe, aux avant-postes, tout est fini; dans six mois les Bourbons seront sur le trône. Je sais que ce que j'écris ici contrarie beaucoup d'opinions reçues, mais je dis la vérité.

Oubliant ce qu'il venait de me dire sur sa trahison, il me montra un placet adressé à l'Empereur, où il lui jurait qu'il n'avait jamais cessé de le servir fidèlement ; il appelait même en champ clos ceux qu'il nommait ses délateurs.

J'allai moi-même remettre ce placet au duc de Rovigo qui le remit à Napoléon, le jour même. Napoléon, voyant que le général était à Paris malgré ses ordres, ordonna à l'instant même à son ministre de la guerre de le faire arrêter, et de convoquer un conseil pour le juger.

Le duc de Rovigo me fit connaître cette circonstance à minuit, pour que j'eusse le temps de faire sauver le général ; ce fut M. Ouvrard qui me remit le billet du ministre.

Au moment où le général sortait de chez moi, en me donnant le bras, le chef de police Laborde était avec deux alguasils sous la porte de la Banque. Le lendemain, dînant avec M. Laborde chez un ami commun, il me dit : « Je n'ai point arrêté cette nuit le général, parce que je vous aurais compromis. » De pareils traits méritent d'être connus.

Le général est revenu souvent à Paris ; il n'a pas été seulement remercier les personnes chez lesquelles je le conduisis pour y passer la nuit ; et j'ai vu le moment où j'allais plaider avec lui pour avoir ma voiture que je lui avais prêtée pour se sauver, et qu'il avait abandonnée à Angoulême.

Puisque j'ai parlé de Bernardotte, je vais rapporter ici une conversation que nous avons eue ensemble dans son hôtel, rue d'Anjou, après Wagram; il ne m'avait vu et connu que chez Murat; je devais à ce titre lui paraître suspect s'il parlait mal de Murat ou de l'Empereur devant moi. Cette considération ne l'arrêta pas; la bile l'étouffait, il lui donna un libre cours; il ne ménageait pas ses termes; en le quittant, tout en gardant le plus profond secret sur cette espèce de confidence, je me disais voilà un gascon qui jouera quelque mauvais tour au grand homme, si l'occasion s'en présente.

CHAPITRE XIV.

Quantùm mutatus ab illo!
Quels changemens dans ce lieu.

LES alliés étaient aux portes de Paris, je sortis avec quinze gardes nationaux, et nous fûmes camper près des moulins de Montmartre; j'y trouvai M. Decazes à la tête de sa compagnie, et M. Dupaty, président de la cour royale ; M. Decazes voulait absolument se battre; nous n'étions pas cent cinquante hommes, et nous en avions cent mille devant nous. Vers les trois heures, un homme habillé en général vint derrière nous, et nous cria : *Courage, mes amis, l'Empereur arrive.* J'ai entendu souvent répéter que cet homme était Joseph Bonaparte; ce n'était pas lui, je l'ai vu en plein, et je l'aurais reconnu.

M. Decazes harangua sa troupe; les coups de fusils recommencèrent sur la direction de la route de Clichy ; je restai tranquille, couvert ainsi que mes hommes par le moulin; parce que, malgré l'assurance du général, nous étions arrivés à ce point que toute défense était impossible; j'avais jugé l'opération dès le matin, et je suis assez bon physionomiste.

J'eus à regretter deux de mes hommes qui, malgré moi, allèrent se faire tuer; c'etait deux pères de famille, justement ceux qui avaient fait le plus de façons pour sortir de la barrière. Voyez après cela si les hommes ne sont pas inexplicables.

Je rentrai dans Paris à quatre heures; je plaçai deux factionnaires aux deux bouts de la rue; ces factionnaires firent parfaitement leur devoir, car ils empêchèrent les personnes qui devaient dîner chez moi ce jour-là d'approcher de ma maison. MM. Feletz et St.-Geyrat prirent la consigne pour une mauvaise plaisanterie.

Le lendemain, je m'approchai de la Banque pour lire un placard qui était la déclaration du prince de Scharwtzemberg, par laquelle il disait que les alliés ne voulaient pas traiter avec Napoléon, ni avec aucun des membres de sa famille. L'abbé de P.... m'a dit avoir été le rédacteur de cette déclaration. Le soir je me promenai sur le boulevard avec ma femme, au milieu des Cosaques; je rencontrai M. Decazes ayant une large cocarde blanche à son chapeau, la première que j'eusse vue; je lui en marquai mon étonnement; il se mit presque en colère, en me disant, Napoléon est..... est.....; oui, c'était un entêté qui n'a jamais voulu faire qu'à sa *tête*.— Mais s'il est déchu, comme l'ange des ténèbres, lui dis-je en riant, sa croix-bleue, que je vous vois sur la poitrine, ne vaut plus rien. — Allons, parlons raison, dites-moi ce qui se passe. —Je ne sais rien. — Mais encore.— Eh bien, tout s'est arrangé ce matin chez l'abbé Louis. — Ah ! tant mieux , lui dis-je; c'est un ami de M. Jaubert, qui ne l'a sans doute pas oublié.—Ah! oui, M. Jaubert; il s'y est présenté; c'est moi qui lui ai fermé la porte au nez; vous savez bien qu'il n'a jamais rien fait pour moi.

J'ai oublié de dire, en son lieu, que vers la fin de 1813, M. de Sémonville m'avait demandé si M. Decazes était gentilhomme ; cette question m'embarrassa, je ne crois pas y avoir répondu; mais j'ai souvent pensé qu'elle n'était pas oiseuse. Peut-être aussi n'est-ce qu'une conjecture.

J'allai chez M. de Talleyrand le surlendemain; j'y entrai comme un notaire entre chez ses clients, je m'assis dans le cabinet de M. Mornard, son secrétaire, homme assez causeur, qui n'était pas fâché de trouver à qui parler. Il me mit au courant de tout ce qui se passait; j'eus le temps d'examiner toutes les figures depuis celle d'Alexandre, jusqu'à celle du plus mauvais Crispin de cette troupe de sauteurs. Je connaissais particulièrement deux des *restaurateurs*, sans compter M. Roux-Laborie; l'un cause peu habituellement, l'autre parle à sa chemise, quand il n'a pas une figure humaine sous la main; je m'adressai tout naturellement au causeur (1); qui se ressemble s'assemble.

Il me dit rapidement : la cause des Bourbons est gagnée; elle n'a jamais été douteuse; Alexandre a l'air de faire des façons, mais ce n'est que pour la forme; c'est seulement pour ne pas blesser trop d'amours-propres. Mme. Moreau avait arrangé tout cela à Londres depuis un an; au surplus, voici l'abbé Louis qui va chercher Dessoles (2) à Monhuchet, pour sauver les apparences aux yeux de l'armée. (3)

Je vis entrer ces grossiers instrumens qu'avait improvisés le génie, croyant sans doute, comme la Divinité, faire des hommes à son image; leurs figures ne peignaient que la crainte et la servilité :

———

(1) L'homme qui est tout esprit se mène par les yeux et les oreilles.

(2) Il ne faut pas vingt années pour voir changer les hommes d'opinion, sur les choses les plus sérieuses comme sur celles qui leur ont paru les plus sûres et les plus vraies.

(3) Ne songer qu'à soi et au présent, source d'erreurs en politique.

Je vis, dès ce moment, que chacune d'elles stipulait pour soi avec plus ou moins de formes. Au milieu de ce groupe de guerriers dégradés, je remarquai une tête qui me parut former un grand contraste avec celles qui l'entouraient; je demandai son nom. M. Mornard me répondit : « C'est M. de Caulincourt. »

M. le comte d'Artois fit son entrée à Paris. Je ne crois pas que l'on puisse porter l'ivresse de l'enthousiasme plus loin; Paris avait, ce jour-là, soif de royauté; la rue St.-Denis était bâtie avec des têtes humaines.

M. de Talleyrand devant aller au-devant du Roi me fit appeler pour la signature d'un acte. Je le trouvai debout appuyé contre sa bibliothèque; je brûlais du désir de tirer de lui *quelques nouvelles,* mais imposssible; c'était une forteresse imprénétrable; je lui faisais des questions, il me répondait par des questions; il fut jusqu'à me demander si j'avais lu l'*Histoire du dix-huitième siècle* de M. Lacretelle jeune, qui depuis cinq ans couvrait les quais; je lui répondis qu'oui. « Je ne l'ai pas lu, me dit-il *niaisement,* et je voudrais savoir ce qu'elle contient de remarquable! dites-moi ce que vous en savez. » J'invoquai ma mémoire, j'y retrouvai le dévouement de Belsunce, la campagne du Bailly de Suffren, le ministère de M. le duc de Choiseuil. A ce mot

Choiseul, M. de Talleyrand m'interrompit, en me disant : « Je connais mieux cette affaire que M. Lacretelle. » Et, quittant la position qu'il occupait dans la bibliothèque, il s'avança *douteusement* vers le tiroir de son secrétaire, y prit un manuscrit écrit de sa main, me le montra, en me disant: «Voilà l'Histoire du ministère Choiseul. » Ainsi j'avais voulu savoir du nouveau, et M. de Talleyrand trouva le moyen de ne m'apprendre que de l'histoire ancienne.

Je trouvai cependant l'occasion de lui dire, « Puisque vous allez au-devant du Roi, dites-lui que s'il vient chez nous tout ira bien, que s'il vient chez lui tout ira mal. » M. de Tailleyrand s'est attribué, ou on lui a attribué ce mot-là ; mais comme il est assez riche, je reprends mon bien. *Suum cuique tribundi.*

Le Roi fit son entrée à Paris; la joie fut moins bruyante qu'elle ne l'avait été à l'entrée de son auguste frère; la perte de la Belgique, et la cession des places fortes avaient humilié l'orgueil français.

En sortant de Notre-Dame, je rencontrai sept notaires, mes confrères, tous en uniforme comme moi; nous allâmes dîner au Rocher de Cançale. J'avais affaire à sept républicains; j'eus beau développer à leurs yeux la belle déclaration de St.-Ouen, peine perdue; je n'étais pour eux qu'un bonapartiste. Quelques jours après, mes affaires me conduisirent dans l'étude du plus entêté de ces *Brutus du coin;* elle était tapissée de fleurs de lys.

L'imprudente sortie de M. Ferrand sur la ligne droite me dégrisa un peu, j'étais sur la ligne courbe.

Je chassais vers la mi-février, près Sartrouville, avec le mameluch Roustan, que j'avais marié; nous nous assîmes pour déjeûner sous un cerisier; là il m'apprit que le jokey de la reine Hortense lui avait annoncé le retour prochain de Napoléon.

Le 5 mars, à quatre heures du soir, me promenant autour du grand bassin des Tuileries, je fus accosté par l'abbé Rauzan et M. de St-.Geyrat, qui m'apprirent le débarquement de Cannes; j'aurais dû m'en douter en voyant la figure d'un vieux serviteur du château, de ceux qu'on appelait alors voltigeurs, que j'avais rencontré dans la grande allée. Je n'oublierai jamais tout ce que cette figure m'offrit de sinistre.

Le 16 mars, je me glissai dans le château, à la faveur de mon uniforme; Bonaparte s'était, disait-on, sauvé comme un *Mandrin* dans les Alpes. M. Lépine, fils de l'horloger célèbre, qui était là de garde, me communiqua une lettre de Lons-le-Saulnier, qui annonçait que Ney avait été débordé par ses soldats et par la population de cette province. Je communiquai cette lettre à M. Lainé qui, comme moi, se promenait dans la salle des maréchaux.

Le 17 mars, j'allai *flâner*, selon ma louable habitude devant le château ; je rencontrai M. Decazes et M. Deséze fils, en uniforme ; ils étaient d'une pâleur extrême, et se soutenaient difficilement l'un l'autre. « Eh quoi ! me dit M. Decazes, vous vous promenez tranquillement, et Bonaparte est à nos portes ! — Que voulez-vous que j'y fasse ? lui répondis-je. »

Le 19 mars, j'étais de garde au château, j'y vis faire des préparatifs, j'y vis le départ des princes et du Roi, qui eut lieu entre minuit et une heure. La dernière personne qui sortit de chez le Roi fut M. Lainé, qui me prit la main en passant près de moi. Le seul Parisien que j'aie aperçu sur le Carrousel était M. Becquey-Beaupré, avocat au conseil. J'ai vu depuis des tableaux qui disent le contraire ; mais j'écris ce que mes yeux ont vu.

J'ai souvent entendu des hommes qui ont la prétention de voir vite, loin et juste, blâmer Napoléon de n'avoir pas accepté les divers traités de paix que lui offrirent les alliés ; je me disais, ces hommes-là n'ont jamais compris Napoléon ni sa position. L'existence royale de Napoléon au centre de l'Europe, à la tête de la fille aînée de la civilisation ne présentait aux yeux de la vieille aristocratie européenne qu'un parvenu qui l'humiliait, et l'aristocratie ne pardonne jamais. Napoléon l'avait vaincue souvent, mais il ne l'avait point écrasée. Aussi, du jour où les élémens se prononcèrent contre lui, tout reprit *force et vertu;* on ne marchait pas à front découvert, parce qu'on craignait la griffe du lion, un retour de fortune; mais on suivait un plan qui résultait de la nature des choses : la haine des aristocrates de tous les pays; et, pour me servir de l'énergique expression de Machiavel, on causait de la peau de renard où manquait la peau du lion.

Napoléon, qui n'avait pas senti que la clef de la voûte lui était indispensable pour faire de la royauté, comme il n'avait pas prévu les tracasseries du clergé, sentit bien, mais trop tard, l'enclouure de sa position. Ce fut pour réparer cette faute capitale que son génie donna au monde le plus étonnant exemple de force, de courage et d'habileté militaire; soins inutiles! la maison n'avait pas de fondemens. Son droit de conquête n'étant point un droit, n'en avait pu fonder aucun autre; le conquérant et les peuples conquis restent toujours entre eux dans l'état de guerre, à moins que la nation, remise en pleine liberté, ne choisisse volontairement son vainqueur pour son chef.

Jusques-là, quelques capitulations qu'on ait faites, comme elles n'ont été fondées que par la violence, et que par conséquent elles sont nulles par le fait même, il ne peut y avoir dans cette hypothèse, ni corps politique, ni d'autre loi que celle de la force (1).

----

(1) Soumettre une multitude, ou régir une société, sont deux choses bien différentes. Que des hommes épars soient successivement asservis à un seul, en quelque nombre qu'ils puissent être, je ne vois là qu'un maître et des esclaves; je n'y vois point un peuple et son chef: c'est si l'on veut une aggrégation, mais non pas une association; il n'y a là ni bien public ni corps politique. Cet homme eût-il asservi le monde entier, n'était toujours qu'un particulier; son intérêt, séparé de celui des autres, n'était toujours qu'un intérêt privé. Cet homme a péri; son empire, après lui, est resté épars et sans liaison, comme un chêne se dissout et tombe en un tas de cendres après que le feu l'a consumé.

Grotius, qui d'ordinaire est favorable aux maîtres du monde (a), dit qu'un peuple peut se donner un roi: Grotius reconnaît donc *implicitement* qu'un peuple est peuple avant de se donner à un roi.

Vous aurez beau *éteindre*, Messieurs de la Ruse; vos pompiers seront insuffisans, et le flambeau de l'esprit humain surnagera. Voyez ce qui se passe en ce moment de l'autre côté de l'Atlantique; trois siècles n'ont pu

(a) Il était refugié en France, et faisait sa cour à Louis XIV.

L'exemple de l'Angleterre ne prouve rien; car s'il y avait encore un descendant des Stuarts, et que le détroit devînt praticable, la maison de Hanovre aurait bientôt cessé de régner.

Dès le mois de septembre 1811, on conspirait. Le propriétaire de trois fermes situées près Louvres m'avait prié d'accompagner le prince de Schwartzemberg à la chasse; les chasseurs invités étaient M. le duc de Fitz-James, M. le marquis de Boisjelin, M. le marquis de Seignelai, et autres. Ces Messieurs parlaient librement, conspiraient sans se gêner, et le prince de Schwartzemberg conspirait du bonnet; que faisaient alors Messieurs les impériaux? Ces sots, qui s'imaginaient que l'ancienne noblesse ne les épousait que pour leurs beaux yeux; ils se carraient, s'enflaient, se donnaient du *monseigneur*, étalaient leurs décorations, leurs dotations éventuelles, et

---

prescrire les droits imprescriptibles de l'homme; on ne s'empare pas impunément d'un territoire immense, et on n'en prive pas le genre humain, autrement que par une usurpation punissable. Les descendans de Nuncz Balbao et de la couronne de Castille, expient en ce moment les crimes de leurs aïeux et de la Compagnie de Jésus. Il est plus aisé de conquérir que de régir. Avec un levier suffisant, d'un doigt on peut ébranler le monde; mais pour le soutenir il faut les épaules *d'Hercule*.

moi j'écoutais. Ah! si je ne craignais pas de troubler la cendre d'une vertueuse et digne personne, je tracerais ici la scène qui eut lieu entre le vieux duc de Coigny et le général . . . ., son gendre, le soir même du mariage. Mais ce trait est inutile, j'en ai dit assez.

A la fin de 1812, le duc de Feltre communiquait avec le prétendant; dix sénateurs de ma connaissance conspiraient sous la direction du marquis de S. . . . . . ; le maréchal de . . . . . . conspirait; Maret, duc de Bassano, était le seul qui ne conspirât pas dans cette coterie.

Trente individus considérables de l'ancienne noblesse, conspiraient publiquement devant moi, dans le salon de M. Mortefontaine.

On conspirait à côté de moi, dans mon cabinet. M. de Polignac y venait avec M. Gobineau jeune, sous un nom supposé. Un jour il se sauva en emportant mon chapeau.

Je ne crois pas, quoi qu'en ait dit Napoléon, que M. Laîné ait conspiré; je m'en serais aperçu, je le voyais alors en robe-de-chambre. Ce n'est pas dans son caractère.

On ne se méfie pas des notaires, sans doute parce qu'ils ont tous de trop grandes oreilles.

CHAPITRE XV.

Heu ! dies infanda......!!!
Irarum Dies !!
Jour de malheur.

Vingt-Mars qui couronna la marche la plus étonnante qu'offrent les annales du monde ; victoire qui ne coûta pas une goutte de sang humain ; dernier beau jour d'une grande âme luttant contre l'adversité ! Ah ! grand homme, pourquoi tant de génie tourna-t-il contre ta malheureuse patrie ?

On parlait de la formation d'un camp au-dessus de Ville-Juif ; je savais bien que les princes n'y seraient pas, puisque je les avais vus partir la veille. La route, au-dessus de Ville-Juif était couverte d'équipages magnifiques ; le bonapartisme avait porté son luxe hors barrières. Il y avait quatre ou cinq régimens d'infanterie qui campaient sur la route ; au moment où le courrier qui apportait la nouvelle de l'arrivée de Napoléon, traversa ce camp, en criant : « *Vive l'empereur!* » tous ces soldats se débandèrent à la fois, et se mirent à

courir à travers champs Qu'on se figure un coup
de fusil tiré sur un colombier, au moment où les
pigeons y sont rassemblés!

Napoléon fit son entrée aux Tuileries, à huit
heures du soir; il ne monta pas l'escalier, on se le
passait de mains en mains, comme ces entêtés qui
veulent se placer malgré tout le monde dans le
parterre d'un spectacle lorsqu'il est bien plein.
Je vis dans les groupes beaucoup d'*honnêtes gens*
déguisés en peuple, qui criaient comme lui;
j'en vis un caché sous une houppelande de bou-
racan, je lui frappai sur l'épaule en lui disant :
« Et vous aussi, *Monseigneur?* » Il fut surpris
de l'apostrophe; mais me reconnaissant, il me
dit : « *Il y est. Vide Thomas.* C'est fini?— Non,
Monseigneur, ce n'est pas fini, lui répliquai-je,
la rivière n'est plus la même; il s'y est formé,
pendant son absence, une alluvion. »

J'assistai à la première réception qui eut lieu
le dimanche; je n'en donnerai pas le détail parce que je m'occupe beaucoup plus des choses que
des hommes. Cependant je dois dire que M. le
duc maréchal. . . . ., qui depuis a donné
tant de preuves de dévouement à la maison de
Bourbon, était ce jour-là honteusement placé près
de moi, dans une des encoignures du salon; qu'au
moment où Napoléon parut et se dirigea de notre
côté, le duc pleurant et mugissant comme un veau,

s'élança au cou de son ancien maître, qui lui ouvrit ses bras.

Un autre fait, qui prouverait au besoin à quoi tient la destinée des hommes. La conduite de M. D...... pendant la première restauration, avait donné de l'humeur à Bonaparte; il se rappelait les cent mille écus de Mayence, et taxait d'ingratitude, un homme que l'abdication de Fontainebleau avait dégagé de ses sermens, comme tant d'autres. M. D....... voulut paraître à la première réception, et se faire pardonner encore comme tant d'autres. Il fut trouver Muraire, le pria de lui donner une place dans sa voiture; Muraire y consentit, mais il lui dit: « J'ai promis à Réal d'aller le prendre chez lui, allons-y ensemble. » Lorsque Réal aperçut M. D... « Où allez-vous, imprudent, lui dit-il? — Je vais aux Tuileries. — Sauvez-vous à l'instant, quittez Paris. Voici l'ordre de vous faire arrêter. » M. D...... quitta Paris, et revint après Waterloo, etc., etc. Je doute qu'il ait inscrit l'aventure de Réal sur ses états de service pendant les cent jours (1).

----

(1) Ce fait est aujourd'hui purement historique; sa connaissance ne peut avoir aucune conséquence fâcheuse; je ne l'aurais pas révélé dans le temps où il aurait pu nuire à M. D.....

J'avais raison; le terrain n'était plus le même : Napoléon ne tarda pas à s'en apercevoir (1). Les journaux l'outrageaient ainsi que son armée. Il y avait alors un journal hebdomadaire intitulé le *Censeur*, rédigé par deux *quadrilatères* qui imitaient grossièrement Condillac, pour analyser le génie de *Grotius* et de *Puffendorff*; ils osèrent proclamer l'ordre du sabre et de la moustache; cette injure dégoûtante resta impunie, leur impudent ouvrage se vendit jusqu'à 5o fr. le numéro. Une royale dame, autrefois fille adoptive de la république, me fit prier par sa tante, femme d'esprit et royaliste intrépide, de lui procurer une de ces saletés; elle tomba juste sur le numéro qui en recensait les votes de la mort du roi; son père n'y figurait pas seulement comme ayant voté, mais comme ayant entraîné trente-cinq votes qu'il avait recrutés dans la nuit. La tante et moi ne vîmes d'autre parti à prendre que de déchirer la page, et cette noble personne put se délecter tout à son aise. Pendant que nous ôtions cette page fatale, un ancien conseiller au Parlement de Paris, aujourd'hui gentilhomme de la chambre

---

(1) Le bon abbé de St.-Pierre se demandait naïvement quel usage on pourrait tirer en France des ducs et des marrons d'inde. S'il avait vécu de nos jours, la chute de Bonaparte lui aurait appris l'utilité des premiers.

du Roi, et qui était lié avec ces dames, entra dans mon cabinet. Nous lui communiquâmes notre petite ruse, il nous dit avec sa légèreté habituelle : « Tous ces écrits ne font rien à l'affaire ; si l'Autriche se prononce pour Napoléon, il règnera. — Eh ! quoi ! répondit la tante royaliste, vous regardez cette expectative avec tant de gaîté de cœur ? — Pourquoi pas, nous l'avons bien supporté pendant quinze ans. — Mais, lui dis-je à mon tour, si Napoléon reste sur le trône, votre gendre qui est à Gand, et à qui j'ai prêté douze mille francs pour ce voyage, ce que je n'aurais pas fait si j'avais eu son secret, peut perdre sa grande fortune ; il n'a pris aucune mesure de sûreté avant de partir. — Et qui oserait acheter de pareils biens, me répondit-il. — Qui ? vous le premier, lui répliquai-je avec humeur. Je vous connais cinquante mille livres de rente au soleil, et vous n'avez pas un pouce de terre qui ne soit de première et seconde origine nationale.» Il prit son chapeau, et je ne l'ai pas revu depuis.

> Le sage dit, selon le temps,
> Vive le Roi, vive la ligue.
>
> La Font.

C'est à ce royaliste, et à tous ceux qui lui ressemblent, que Sénèque aurait pu dire : *Pauci reges, non regna colunt.*

La nouvelle de Waterloo parvint à Paris ; je la

vis à une heure du matin au café Tortoni, sur quatre figures bien connues qui buvaient, à la sourdine, à la santé des Prussiens. Dans cette déplorable journée, Napoléon dut s'apercevoir que ses grandes illustrations lui avaient échappé, et que les grands cordons cachent plus d'ingratitude que de fidélité.

Qui pourra croire qu'un chansonnier français, homme d'esprit, célébra cette défaite par des couplets sur l'air de *la fricassée ?*..... Misérable, malgré la grosseur de ton corps, dis-moi où sont tes entrailles ?

Les mirmidons se mirent en mouvement, chacun selon sa taille voulait une portion de l'armure du géant, mais il fallait la déchéance avant tout. Ce fut dans le sein de la chambre des représentans, que se portèrent les grands coups. Qui n'a pas vu l'intérieur de ce *bastringue*, pendant les six dernières séances, n'a rien vu. Un député de Grenoble voulait que la chambre se déclarât assemblée nationale : j'en frémis encore.

Un vieux général voulait..... je ne sais quoi ; il n'en savait peut-être rien lui-même.

Un vieux jacobin voulait qu'on élevât une statue à Napoléon le lendemain d'une défaite.

Cambon, Barrère, Garau, *et ejusdem farinæ* (1), criaient : « Vive Napoléon ! »

---

(1) Gens de même farine.

Un autre faisait de la prose à la Fouché, proclamait Napoléon II, pendant que son patron donnait la liberté à M. de Vitrolles.

Celui-ci, jeune avocat de beaucoup de talent, appuyé par un parti considérable, masquait le duc d'Orléans sous des phrases obscures, mais qui cependant laissaient apercevoir un coin du tableau.

Les vrais royalistes, car il devait y en avoir quoique je n'en aie pas entendu, se taisaient, et attendaient patiemment la déchéance; ils avaient raison, la vacance du trône les sauvait dans ce moment.

Enfin, l'abdication arriva; Regnault de Saint-Jean-d'Angély fut beau dans ce moment de détresse.

Boulay de la Meurthe ne dit rien de bon, son beaume était usé : on ne l'écouta pas.

D.... déclara qu'il n'avait jamais trompé personne, et promit ses services. Il trahissait dans ce moment même; j'en donnerai la preuve (1).

Caulaincourt fut sublime sans parler; sa noble attitude me rappela le salon de M. Talleyrand.

Quand le mot abdication fut certain (2), et

____

(1) Les bons sermens sont ceux que l'honnête homme se prête à lui-même, sans emphase et sans témoins

(2) Un aigle avait deux têtes qui ne s'accordaient

qu'on n'eut plus à craindre les revenans, toutes ces figures dépouillèrent leurs masques; quel sabbat!.. J'y étais! je défierais *Tacite* lui-même de le décrire; c'est si nul, si petit, que l'historien ne peut pas y mordre (1).

Je sortis de la salle, chassé par le dégoût, je fus suivi par M. le comte D..., qui me guettait et qui me connaissait; il me demanda le nom de mon département; je lui dis la Dordogne.—Suivez-moi.—Où?—Venez toujours. » Nous entrâmes ensemble dans la pièce qui touche à la salle du trône, et nous y trouvâmes neuf individus, dont un a été depuis ministre du Roi. On

---

guère entre elles, parce que l'une, trouvant d'excellens fruits, les mangeait sans en faire part à sa camarade. Cette dernière s'en plaignit. « Que vous importe, lui dit l'autre, que ces fruits soient mangés ou par vous ou par moi, puisqu'ils sont destinés à nourrir le même corps?—J'en conviens, mais leur saveur affecte délicieusement votre palais, et je ne serais pas fâchée de goûter le même plaisir..... » Cette représentation ne corrigea pas la tête gloutonne, mais elle en fut bien punie; car l'autre pour se venger avala du poison, et toutes deux périrent.

(1) Tacite observe que sous *Othon* les sénateurs, accablant *Vitellius* d'exécrations, affectaient en même temps de faire un bruit épouvantable, afin qu'on ne pût pas savoir ce que chacun d'eux avait dit.

me proposa de voter pour le duc d'Orléans. Je leur répondis : « Messieurs, si j'avais à choisir un usurpateur, je n'irais pas le prendre dans la famille de mes rois. »

Le soir j'allai dîner chez un pair de France ; nous étions dix-sept hommes à table ; j'étais le seul plébéien, et je formais seul l'opposition contre le duc d'Orléans.

Enfin, cette espèce d'assemblée fut forcée de reconnaître que des principes, si principes il y avait, ne peuvent rien contre des armes ; que si la raison est une autorité, il en est une autre, souveraine absolue de tous les lieux et de tous les temps, qu'on appelle la force.

CHAPITRE XVI.

*Me Getarum et Armeniorum et Colchorum
copias ad Romam adducere.*
(Lettres a Atticus.)

Elle appela contre Rome, les Gètes, les Armé-
niens, les peuples de la Colchide.

Tacite en décrivant avec son admirable génie l'entrée de Vitellius à Rome, se permet
quelques épigrammes. Tacite n'était pas contem-
porain de cet événement.

On se battait aux portes de Paris; le peuple
assistait à ces combats comme à un spectacle;
et comme dans les combats du Cirque, il en-
courageait tantôt les uns, tantôt les autres, par ses
applaudissemens et ses cris. Les femmes étalant
le luxe le plus recherché, insultaient nos vieux
guerriers mutilés. Elles disputaient aux courtisanes le vil honneur de la prostitution pour fêter
l'étranger. Tandis que le sang et le carnage occupaient le soldat tout entier, le peuple profitait des
dépouilles. Paris offrait un spectacle horrible et
monstrueux; on s'égorgeait aux barrières, on s'eni-
vrait, on dansait sur les boulevards; on voyait à-

la fois, du sang et des monceaux de morts. D'une part, toutes les débauches d'une paix dissolue; de l'autre, tous les crimes de la guerre la plus impitoyable, au point qu'on eût cru ce Paris, et dans la rage et dans les fêtes.

Blucher parut insolemment sur le boulevard, à la tête de quarante mille Prussiens; le peuple gémissait, quelques femmes déhontées saluèrent ce vieux soldat de leurs acclamations impudiques.

Le roi de France parut bientôt après; son apparition ranima les esprits et laissa percer quelque lueur d'espérance; mais elle ne calma pas la profonde affliction qui régnait dans les âmes. J'aperçus M. le comte J...... en habit de colonel, qui brandissait son sabre et dansait derrière les voitures. Il me fit pitié.

Paris fut occupé militairement par les Prussiens; des canons, mèche allumée, furent braqués sur la demeure de nos rois? Insulte inutile que rien ne pouvait légitimer, lâcheté inouïe, triomphe sans péril. Les troupes prussiennes bivouaquèrent sur le Carrousel; le roi de France fut obligé de traverser leurs immondices, pour aller remercier le Dieu des armées.

Le Pont d'Iéna (1), ce souvenir d'une ba-

____

(1) J'ai souvent entendu dire que Louis XVIII avait

taille qui aurait dû finir les destinées de la Prusse si...., fut sur le point de sauter? Attila n'aurait pas mieux fait. Le viol, les assassinats, le pillage désolèrent cette partie de la France, que borne la Loire dans toute sa longueur. Le Musée des arts fut livré à la brutalité des soldats, qui coupèrent des tableaux, mutilèrent des statues; et cette action d'un pur vandalisme fut légitimée par un enfant d'Albion! Le barbare! la France avait besoin d'une leçon, disait-il. Ce fut à ces hommes du Nord, que les femmes du beau monde se prostituèrent volontairement; une entre autres, la veuve d'un illustre général, mort aux champs de la Moskowa! Quel sacrifice pour les mânes d'un tel époux. Si les femmes donnèrent de grands exemples de vertu filiale dans nos discordes civiles; elles ont atteint depuis, le sublime de la débauche et de la plus ignoble dépravation. Il fallait sans doute une compensation, la vertu les étouffait.

Cependant plusieurs d'entre elles purent, comme le dit énergiquement mon compatriote Montaigne, *s'en soûler* sans pécher; une surtout, Mme. ***

---

sauvé le pont d'Iéna, en déclarant courageusement à Blucher, qu'il irait se placer sur le pont pour sauter avec lui.

Elle avait une belle maison de campagne à Saint-Gratien, l'ombre de Catinat dut en frémir. Voulant traiter honorablement ceux qu'elle appelait ses bons amis, elle fit transporter dans ce lieu de délices les mets les plus exquis, les vins les plus précieux, l'argenterie, le vermeil de son opulente maison de Paris; de sa personne, accompagnée de sa femme-de-chambre et d'un procureur, elle alla présider à ces magnifiques apprêts. Tout alla bien pendant le repas, et la dame fut se coucher.

Les Prussiens ne sont pas difficiles, et là surtout il fallut faire de nécessité vertu; les plus malins s'emparèrent de la suivante qui n'en pouvait mais la malheureuse; le gros de l'armée attaqua la vieille maîtresse; jusqu'à ce pauvre procureur qui reçut quelque avanie. Tout fut pillé, violé, reviolé *innombrablement;* et ces trois hôtes durent se sauver en chemise dans les vignes, où le procureur reçut même quelques coups d'échalas, qui l'ont fait boîter long-temps. Mais qu'allaient-ils faire dans cette maudite galère?...

L'aspect de Paris me faisait mal; je n'y tins plus, je partis pour le Périgord, dans la voiture et en compagnie du général Souham, qui allait commander pour le Roi dans la Dordogne.

De Paris à Orléans tout était désert; je ne voyais que des Prussiens qui me mettaient le fusil sous le nez pour demander mon passeport, et des chats. Arrivés à Orléans, nous fûmes arrêtés par ordre du général Horken. Le général Souham ne voulant pas se trouver en présence de ce prussien, il me fallut négocier. J'allai chez cette puissance que je trouvai à table avec cinq vieilles folles, et une dixaine d'officiers. En me voyant il m'apostropha, et me dit que j'étais Vandamme. « Et quand cela serait, lui dis-je? mais cela n'est pas; voilà nos passeports. » Ce général ne se conduisit pas mal à mon égard; mais ces cinq vieilles harpies croyaient tenir une victime; je leur lançai un regard qu'elles n'ont pas dû oublier. Elles habitaient alors sur la place de la Pucelle, à gauche.

Nous passâmes la Loire, et je donnai cinq francs au soldat qui leva le pont-levis; j'avais soif de voir des Français.

Nous fûmes accueillis par le général Teste, au bord du Loiret. Davoust y vint, et ses premières paroles furent celles-ci : « *Général Souham, j'espère que le Roi est instruit de ma fidélité.* »

J'ai un autre fait à donner à l'histoire; mais le maréchal vit, je ne veux pas l'attaquer : si je meurs avant lui on le trouvera dans mes notes.

En arrivant dans les vastes plaines de Vatan, nous fûmes enveloppés par une nuée de moissonneurs qui nous forcèrent à crier : *vive l'Empereur!* Il fallut en passer par là.

Je restai peu de jours en Périgord, et je revins à Paris, par la route de la Touraine ; j'eus le bonheur de passer le pont de Tours à six heures, avant que les Prussiens n'eussent fait le coup que je vais raconter.

Ces messieurs fêtaient leur Roi; les dames de Tours voulurent sans doute savoir de quelle couleur étaient les enfans de la Sprée; elles franchirent la barrière qui était sur le pont, et qui alors formait la limite de la France ; elles vinrent danser, et pendant qu'elles dansaient, quelque malin hussard de la mort fit sonner la retraite et lever le pont-levis. A un signal convenu, toutes ces Sabines furent enlevées. Leurs cris firent accourir les *Tatius* de Tours, mais la fatale barrière était là! *nec plus ultra.* Les cris s'appaisèrent, chacun prit son parti; Tours est fertile en *Bonneau.*

Le théâtre de ces joyeux ébats n'était pas recherché; c'était tout bonnement la grande salle de l'auberge. Les bancs, les tables, le plancher, tout fut transformé en voluptueux édredons. Le malin cuisinier qui m'avait servi un fort bon dîner, voulut me donner un plat de dessert; il me conduisit derrière une croisée, où je vis ce qu'on ne voyait qu'à Rome pendant les saturnales. Ce coquin de cuisinier, comme s'il eût deviné qui j'étais, me fit distinguer la femme d'un notaire, qui, comme la femme de St-Gratien, dut *s'en soûler sans pécher*.

Les chevaux étaient à ma voiture, et je partis bien persuadé que la Sprée coulait dans la Loire.

CHAPITRE XVII.

Omnia serviliter pro dominatione.
TACITE.

Ils s'en font un appui pour exercer le despotisme.

DE toutes les espèces de cruautés, les plus odieuses et les plus lâches sont celles qu'exercent contre leurs compatriotes des citoyens pervers, soutenus de l'appui des puissances étrangères.

J'arrivai à Paris et je fus rendre ma visite à M. Decazes qui venait d'être nommé préfet de police ; j'aperçus sur sa cheminée une liste de proscription écrite à la main, qui ne me parut être qu'un projet. J'eus le temps d'y distinguer le nom d'un de mes amis, qui n'avait d'autre tort à se reprocher que celui d'avoir accepté une préfecture pendant les cent jours.

J'allai chez cet ami ; il n'était pas encore arrivé de sa préfecture ; je le trouvai sur le boulevard, au moment où il venait de quitter la diligence ; je lui fis part de la fatale nouvelle, il n'en fut point effrayé. Il me dit : « C'est ce scélérat de Fouché qui m'a joué ce tour ; il faut le parer. Decazes est-il bon garçon ? — Oui, répondis-je ; et pas méchant homme. » J'y vais. Effectivement il partit avec la rapidité de l'éclair.

Il aborde M. Decazes, et lui dit : « Mon nom est sur la liste des proscrits, je le sais, et je ne puis pas nommer la personne qui m'en a prévenu. Dites, je vous prie, à votre ministre Fouché, que si mon nom n'est pas rayé ce soir, demain je publierai la lettre que ce royal ministre écrivit, le 22 août 1814, au prince Eugène pour l'inviter à culbuter les Bourbons. » Fouché eut peur, et le nom fut rayé.

Je vais entrer sur un terrain fertile en infamies ; ce n'est plus l'impuissance et la niaiserie de la chambre des représentans, ce sont des crimes, de véritables crimes qu'il faut peindre. Lorsque de grandes ambitions sont en jeu, on voit se déployer des caractères énergiques ; et des prodiges de vertu combattent les prodiges du crime ; mais, dans cette malheureuse circonstance, l'étranger présent protégeait, provoquait les vengeances, et punissait la vertu courageuse. Je ne désignerai personne ; fidèle au conseil de Martial, je combattrai le crime en épargnant les hommes : « *Parcere personis, dicere de vitiis.* » Quelque faible que soit mon tribut, je le paie avec ardeur ; les criminels seuls pourraient blâ-

mer la hardiesse qui me porte à les braver; je
ne les crains pas aujourd'hui, je répète ce que
Tacite disait sous Trajan : « *Rara temporum
felicitate ubi sentire quæ velis te quæ sentias
dicere licet.* (His. Liv. 1.) (1) »

Les tables de proscription furent publiées; de
grands noms, des noms obscurs durent se trouver étonnés d'y figurer ensemble. Les prisons
s'encombrèrent; la délation était partout; dans
la famille, au milieu des plaisirs, jusque dans la
couche nuptiale. J'eus le bonheur d'entendre,
dans le salon de M. Decazes, donner l'ordre
d'arrêter le général Clary; je courus chez lui,
je ne le trouvai pas; je fus le chercher dans les
spectacles, je le rencontrai à Feydeau : Partez,
lui dis-je; il suivit mon conseil et s'en trouva
bien.

Domitien (2) lui-même fit punir sévèrement les

---

(1) Temps heureux et rare où l'on peut penser et
écrire ce qu'on pense.

(2) On appelle *Souricière*, en terme de police, une
maison ouverte à la débauche, où les voleurs viennent
se faire prendre, sous un appât quelconque, comme les
souris se laissent prendre dans la *souricière.*

Cette jolie invention a été appliquée à la politique;
mais comme une maison de débauché publique n'eût
pas atteint le but, la police politique a créé des maisons

délateurs, Trajan les exila et les fit abandonner
en pleine mer sur un navire sans voiles et sans

---

qui ont un rang dans la société, qui tiennent table ouverte dans la capitale pendant l'hiver, et table ouverte
pendant l'été à la campagne ; des bals, de la musique ,
tout ce qui forme les grandes réunions. Elle a soin que
les chefs de ces utiles établissemens soient des provin-
ciaux , bien répandus dans le civil et dans le militaire,
de *faux bons hommes* , des amis de tout le monde.

J'ai connu sous le gouvernement impérial un vieux
royaliste très dévôt qui communiait au moins une fois
par semaine, qui n'avait pas mille écus de revenu connu,
et qui tenait une table à Paris, qui ne se défrayait pas
avec trente mille francs : c'était la police qui payait le
surplus, et le bon homme la tenait au courant des démarches des royalistes et du clergé. J'ai vu le compte
et le nom du bonhomme sur *l'œil de la vigilance* ; si j'a-
vais le malheur de le signaler on m'arracherait les yeux,
tant il est en odeur de sainteté.

J'avais un ami qui remplissait alors de *hautes* fonctions dans la *haute* police , et dont j'aurai occasion de
parler dans le cours de cet écrit. Un jour que, rencon-
trant chez moi deux membres de la chambre muette, il
vint me dire à l'oreille : « Prenez garde à eux... » je ne
pus m'empêcher de lui répondre : « C'est une imposture.
—A demain me dit-il.» Effectivement leurs noms étaient
sur sa fatale liste. Ces deux messieurs sont aujourd'hui
de grands personnages biens pensans.

Le hasard m'a fait connaître, depuis la restauration,

agrès. Ah ! si de nos jours ont les eût traités de même, tous les vaisseaux Français eussent été

---

un faux bonhomme (a), ami de tout le monde, en apparence bon garçon, dont la maison est ouverte au genre humain ; on ne va pas fouiller dans les ressources des gens ; et lorsqu'une grande profusion dure dix ans, elle finit par calmer les soupçons. La leçon que j'ai puisée là, m'a coûté cher, mais elle est bonne.

J'y ai vu passer depuis 1816, jusqu'au mois d'avril 1823, toutes les victimes et tous les *moutons*, ce qui veut dire délateurs.

J'ai vu à la même table le colonel *Viriot*, Fabvier, dix autres et l'infortuné Caron.

Viriot..., L..., P..., habitués amis de la maison, et se disant tous les trois officiers supérieurs, d'un côté..., et de l'autre Berton, P..., C... et tant d'autres.

J'en connais un qui s'est fait emprisonner pour espionner ses camarades.

Un autre qui s'est fait persécuter pour mieux cacher son jeu.

Un autre qui, se voyant usé pour cette maison, est allé fixer son pavillon au café de Foi, où il espionne tous les soirs un *illustre* cocu imaginaire, dont j'aurai occasion de parler.

Enfin j'y ai vu Sauquaire-Souligné et tout son état-major avant sa grande expédition pour le Portugal.

Mais vous, malheureuses victimes de ces grossières

(a) *Antagoras* a un visage trivial et très populaire ; un suisse de paroisse, ou le saint de pierre qui orne le grand autel, n'est pas mieux connu que lui.

insuffisans (1). Un soir, me trouvant à la comédie française, dans une loge où nous n'étions que trois personnes, M. Odiot, M. C. . . . ., banquier et moi, l'acteur Gavaudan était placé comme spectateur à l'avant-scène. Odiot me dit : « Voilà ce pauvre Gavaudan qu'on a chassé de Feydeau, parce qu'il avait chanté la *Marseillaise* ici, le jour que Napoléon y vint, après son retour de l'Ile d'Elbe. » Je répondis à Odiot : « C'est une injustice, car Gavaudan n'a point demandé à chanter; j'étais présent, ce fut le public qui, l'apercevant dans une loge, l'y contraignit, parce qu'Armand ne sait pas chanter.

Ceux qui connaissent Odiot, savent qu'il n'est pas délateur. J'allai le lendemain, à deux heures, chez M. Decazes qui me reçut fort mal, en m'engageant à être plus circonspect à l'avenir; je voulus savoir le fin mot, il me le dit : j'avais conspiré la veille au Théâtre-Français; je rétablis les faits, et je nommai le délateur. M. Decazes

---

machinations, regardez-donc quels sont les moyens d'existence de vos sacrificateurs.

Je donnerai des preuves dans mon dernier chapitre.

(1) *Socordiam eorum inridere libet, qui præsenti potentia credunt extingui posse etiam sequentis ævi memoriam. Nam contrà, punitis ingeniis, gliscit auctoritas.* (TACITE, Ann., liv. IV.)

nia, mais il ne put retenir son rire. En passant sur le Pont-Royal, j'aperçus Muraire ; je vais à lui et lui raconte mon aventure ; je n'oubliai pas d'en accuser M. C. . . . . . ., banquier. Tu mets le doigt sur la plaie, me dit Muraire, je sors de déjeuner avec lui chez M. Decazes. Cet honnête M. C. . . . . . ., banquier, n'en a pas moins obtenu la croix.

Une autre fois, j'avais ameuté des paysans près Senars, et je les avais forcés de crier : *Vive l'Empereur !* Mais, dis-je à Decazes, cette dénonciation est stupide ; je ne suis pas fou. C'est pourtant un notaire qui me l'a dit, répliqua vivement le ministre (1).

Une autre fois, c'était un dîner que j'avais donné, et où l'on avait conspiré ouvertement ; il y avait, entre autres convives, M. Feletz, M. Chilhaud-Larigaudie et le marquis d'Abzat, qui sont, comme on sait, de grands conspirateurs. C'était encore un petit notaire qui avait fait son petit

---

(1) Il paraît que les notaires n'ont pas perdu cette habitude : en voilà un qui vient en tapinois glisser dans les mains de M. Dudon une minute pour faire exclure Benjamin Constant de la chambre des députés. Je parierais de ne pas me tromper sur les cent quatorze. Confiez vos secrets et vos intérêts à de pareils hommes.

rapport à M. Decazes. Celui-là n'a pas eu la croix.

Je dînais un jour chez M. Granger, qui me présenta un nouveau légionnaire, que je savais être un délateur effréné, qui s'était travesti en soldat pour fusiller l'infortuné maréchal Ney. Je répondis froidement : « Vous vous trompez, ce n'est pas la croix-d'honneur, c'est........., trempée dans du sang. » Tous les convives pâlirent, et je sentis ma faute, car c'en était une (1). Le fils de la maison, qui n'est pas un délateur, répéta le mot, et le mot fit fortune; mais le délateur que j'avais blessé, se venga par une dénonciation. M. Decazes me fit appeler, j'avouai mon tort, il me le pardonna. Ce n'est pas la seule fois que M. Decazes s'est bien conduit (2).

Le temps, ce grand réparateur des injustices humaines, n'a point encore effacé toutes celles

----

(1) L'on se repent rarement de parler peu, très souvent de parler trop : maxime usée et triviale que tout le monde sait, et que tout le monde ne pratique pas.

(2) J'ai ouï conter qu'on avait fait le procès, dans un temps de famine, à un homme qui avait récité tout haut son *Pater noster ;* on le traita de séditieux, parce qu'il prononça un peu haut : *donnez-nous aujourd'hui notre pain quotidien.*

que provoqua la chambre dite introuvable (1). Ce fut avec une des fausses maximes de la politique des temps de barbarie, celle qui admet la cruauté comme nécessaire, qu'elle obtint, par l'arbitraire, ou par la hache des commissions juridiques, ce qu'elle n'aurait dû obtenir que d'une législation éclairée; et si la rigueur eût été indispensable, il ne fallait l'exercer que par l'application sévère des lois. S'il pouvait exister un plus grand crime que celui de se complaire à verser le sang des hommes, ce serait celui de corrompre la justice à sa source, et de transformer les juges en bourreaux.

Cette assemblée, composée d'hommes monarchiques, sans doute, mais aveugles dans leurs vengeances, qui auraient livré la France à la dévastation du fer ennemi, pour s'assurer un droit de *fuïe* ou de *précloture* (2), força la main au

----

(1) ***Pugna suum finem, cum jacet hostis, habet.***

(Ovide, El. v.)

(2) Philon rapporte que l'empereur Caligula, qui n'était point chef d'une monarchie constitutionnelle, raisonnait ainsi : « Comme un pâtre est d'une nature » supérieure à celle de son troupeau, les pasteurs » d'hommes, qui sont leurs chefs, sont aussi d'une nature » supérieure à celle des peuples; » concluant assez bien

pouvoir royal ; et nous doutâmes, dans ces temps de calamité, de la bonté du monarque. *Carlo*

---

de cette analogie, ou que les chefs étaient des dieux, ou que les peuples étaient des bêtes.

J'ai souvent entendu des *introuvables* de 1815 raisonner devant moi à la manière de Caligula.

Je lis ce soir dans *l'Etoile*, séance royale du 23 mars :

« La chambre introuvable est retrouvée. »

« Je compte sur votre *patriotisme*. »

Si la chambre introuvable, composée d'émigrés, était patriote, pourquoi l'avoir dissoute au 5 septembre. Lorsqu'on trouvera du patriotisme dans le ventre de ces gens-là, on découvrira les mines du Potose dans le mien. Tout homme né dans l'esclavage naît pour l'esclavage ; rien n'est plus certain. Les esclaves perdent tout dans leurs fers ; jusqu'au désir d'en sortir ; ils aiment leur servitude comme les compagnons d'Ulisse aimaient leur abrutissement, et je n'ai besoin d'autre preuve pour confirmer ce que j'avance, que la liste des hommes du privilége qui se refugièrent dans les antichambres de Bonaparte ; et puis confiez l'exécution de la charte et *des institutions qu'elle a fondées* à de pareilles mains, comme si la volonté de l'aristocratie n'agissait pas sans cesse contre la volonté générale. Ah ! le bon billet qu'a *La Châtre...*

L'aristocratie assurera, dit-on, la tranquillité civile ; mais qu'y gagnerons-nous, si son insatiable avidité, si ses vexations et son orgueil insultant nous désolent ? Qu'y gagnerons-nous si cette tranquillité même devient

era venuto per disunire, non per unire sirenze (1).
(Mach.).

Les régicides furent proscrits (2). Je n'examine
point ici leur conduite politique, ce serait un
hors-d'œuvre ; je sais seulement qu'ils étaient
couverts par une amnistie et par la parole royale.
Cette faute, car c'en est une, satisfit quelques
passions, mais elle arracha le premier gond de

---

une de nos misères ? On vit tranquille aussi dans les cachots ; en est-ce assez pour s'y trouver bien ? Les Grecs,
enfermés dans l'antre du Cyclope, y vivaient tran-
quilles, en attendant que leur tour vînt d'être dévorés.
Les émeutes, les guerres civiles effarouchent beaucoup
les chefs, mais elles ne font pas les vrais malheurs
des peuples ! quand tout reste écrasé sous le joug,
c'est alors que tout dépérit. Quand les tracasseries
des grands agitaient le royaume de France, et que le
coadjuteur de Paris portait au Parlement un poignard
dans sa poche, cela n'empêchait pas que le peuple français ne vécût heureux et nombreux dans une honnête
et libre aisance. La Grèce florissait au sein des plus
cruelles guerres, et tout le pays était couvert d'hommes ! La France a offert le même spectacle de nos jours.
Machiavel prétend qu'un peu d'agitation donne du ressort aux âmes, et que ce qui fait vraiment prospérer
l'espèce, est moins la paix que la liberté.

(1) Au mépris de sa parole on viole toutes les lois ;
il apporte la discorde au lieu de la paix.

(2) *Summum jus, summa injuria.* (Cic., de Offic.)

l'écluse. L'avenir développera cette pensée. . . .
Des vieillards infirmes, octogénaires, furent
proscrits, et traînent encore leurs derniers jours
sur la terre étrangère. David, père de notre école,
l'honneur du salon français, donne sur ses vieux
ans, des leçons de patriotisme; exilé sur le sol
Belge, il refuse son pinceau à l'orgueilleux dévas-
tateur du Musée. *Tra i quali fù Dante poeta, e i
loro beni pubblicati e le loro, case disfatte* (1).
(MACH.)

Je fus réveillé un matin à six heures par mon
domestique, qui m'apprit que deux personnes, se
disant de ma province, voulaient me parler. Nous
étions en hiver, le jour paraissait à peine; je m'é-
lance de mon lit et je fais introduire les deux personnages. J'aperçus un OEdipe de quatre-vingt-
trois ans, et une Antigone qui en avait cinquante
et des infirmités; ce vieillard aveugle était M. Allafort, avocat estimé dans ma province, conven-
tionnel, et sa fille. « Monsieur, me dit-il, depuis
trente ans je n'avais franchi le seuil de ma porte,
et je ne l'ai franchi depuis huit jours, que pour
aller mourir dans l'exil; mais je mourrai sans
doute avant d'avoir atteint le terme de ce voyage.»

---

(1) Des citoyens au nombre desquels était le poète
Dante, vont remplacer dans l'exil ceux qui viennent de
rentrer à Florence pour la déchirer.

Je fis donner des soins à ces deux malheureux, et je courus chez M. Decazes, qui eut la bonté de me recevoir avant huit heures du matin. Je lui dis ce dont il s'agissait. « Que voulez-vous que j'y fasse, me répondit-il, je n'ai pas assez de puissance pour empêcher l'exil de ce vieillard; si votre députation venait à le savoir, je serais perdu. — Fermez les yeux, lui dis-je, et laissez-moi faire. » Il ne répondit pas, mais son œil m'annonça que mon expédient l'avait flatté. Je mis mes deux proscrits dans un appartement rue du Bac, où le vieillard est mort vingt mois après. J'ajouterai que M. Decazes m'offrit des fonds; M. Allafort n'en avait pas besoin.

On jugeait l'infortuné maréchal Ney; je n'examinerai point sa culpabilité ou son inculpabilité : je respecte la chose jugée; je ferai seulement observer à mes lecteurs que cette tête célèbre avait été respectée par les boulets dans cent combats, et que le duc de Wellington commandait à Paris le jour de l'exécution. Le vieux général Colaud, pair de France, que je voyais alors tous les jours, me dit avoir voté à haute voix pour le bannissement, et que M. de Fontanes lui dit, en passant près de lui : « Général, je viens de suivre votre exemple. — Tant mieux pour vous, Monsieur le comte, lui répliqua le vieux général, vous n'en passerez qu'une meilleure nuit. Si la majorité eût imité M. de Fontanes, la France compterait un grand guerrier de plus.

Pendant les débats de ce fameux procès, je fus invité à dîner au Rocher-de-Cancale, par M. Geouffre, beau-frère du général Junot. Je vais rapporter ici une des scènes de ce dîner, qui me paraît jeter plus de clarté sur la journée de Waterloo, que toutes les relations qui m'ont passé sous les yeux.

Les convives étaient : M. Bédoch, député de la Corrèze;

Le lieutenant-général Souham;

M. Roux-Laborie et M. Pierre Lagarde;

M. Achille de la Mothe;

L'abbé de Cherval;

M. S. . . . ., intendant-militaire, député de la Corrèze, et moi.

Le lecteur, qui connaît tous ces personnages, doit être convaincu que les feux étaient croisés; cependant, malgré nos opinions différentes, nous jugeâmes tous à propos de nous clore, et nous visitâmes scrupuleusement les chambres qui nous avoisinaient. Nous nous étions donné carte blanche, et nous pouvions dire tout ce que nous avions sur la conscience.

J'entrepris l'intendant militaire, qui faisait l'ultra à la chambre des députés, et je lui demandai pourquoi, pendant les cent jours, il était venu faire des bassesses auprès de Bédoch, en ma présence, pour obtenir de l'emploi. Pourquoi enfin se trouvait-il employé dans son grade à Waterloo, puisqu'il blâmait si hautement ceux qui s'y trouvaient comme lui. « J'étais à Waterloo, me répondit-il, mais j'y étais avec un sauf-conduit écrit de la main de M. de la Châtre. »

A ce mot, l'abbé de Cherval se leva brusquement, et dit, en cherchant son chapeau : « Faire de pareilles choses et les avouer, c'est trop fort. »

Je ne parlerai pas de tous les procès de conspirations qui eurent lieu à cette époque, c'est dégoûtant. Je me contenterai de citer un trait qui doit peindre la justice de ce temps-là.

Je passais la soirée chez le général C......; M. B......., son beau-père, s'y trouvait, ainsi que l'avocat-général H...; on parla d'un procès politique qui était alors sur le tapis; M. B...... écoutait sans mot dire. Tout-à-coup, il se lève et regardant fixement M. l'avocat-général, il lui adressa ces paroles. « H..., nous sommes cama-
» rades de collège, amis de quarante ans, je te
» connais homme probe et de mœurs douces;
« tu m'expliques en ce moment Fouquier-Tain-
» ville, que je n'avais jamais compris; si on te
» pousse un peu, tu iras aussi loin que lui. » L'a-
vocat-général se leva brusquement, et lorsque

son grand corps se trouva à la hauteur de M. B......., je vis des larmes s'échapper de ses yeux.

Nîmes, Avignon, Marseille, Lyon, Grenoble furent les divers théâtres sur lesquels se jouèrent les horribles scènes qui marquèrent cette époque de désolation; le sang français y coula par torrens. On vit à Grenoble une espèce de proconsul qui ne fit qu'obéir à l'instinct, et non au raisonnement; il ne fit pas afficher de table de proscription; il ne nota même pas le nom de ceux qu'il fit immoler. Sa haine fut sans préméditation, les effets de sa haine sans règles ni limites; il ne compta point les victimes, il ne mesura point d'avance le cours de sa fureur; lui-même ignora jusqu'où elle devait aller; ses proscriptions furent instantanées. Ce fut un acte de volonté subite, et l'exécution suivit sa volonté. *Fatetur facinus, is qui judicium fugit.* (Publius Syrus.)

Pour rafraîchir la pensée de mon lecteur, je vais lui faire connaître un beau trait que je tiens de bonne source.

Le général Gilly était proscrit et sa tête mise à prix; il se réfugia, déguisé eu paysan, chez un fermier des Cévennes; il tut son véritable nom, mais il déclara à ce bon villageois qu'il était proscrit. Au bout de quinze jours, le fils du fermier fut à la foire d'Arles, où il entendit annoncer la récompense promise à celui qui prendrait Gilly mort ou vif. Ce fils rentra chez lui, et raconta, devant le général qu'il ne connaissait pas, ce qu'il avait entendu publier. Gilly, tout ému, leur dit : « Je connais ce général Gilly, et je sais où le trouver, partons et nous partagerons la récompense. » Gilly parlait ainsi pour éprouver ses hôtes. « Misérable, lui répondit le jeune homme, vous êtes proscrit; mon père vous donne l'hospitalité, et c'est vous qui nous proposez d'arrêter votre compagnon d'infortune ! » Il allait achever sa sublime réponse, lorsque le général s'élança dans ses bras, et se fit connaître ! Pourquoi de pareils traits viennent-ils toujours d'en bas ?

> *Exilium et carcer Minturnarumque paludes*
> *Et mendicatus victa Carthagine panis* (1).
>
> JUVÉNAL.

---

(1) Proscrit et fugitif, il se cache dans les marais de Minturnes, et va mendier le pain de la pitié sur les ruines de Carthage.

CHAPITRE XVIII.

Iniqua numquam regna perpetuo manent.
(Sénèque, Médée, act. 3.)
Le règne du crime n'est que passager.

La haine des libertés nationales, soutenue des forces du despotisme étranger, n'aurait pas suffi pour perpétuer l'état où se trouvait la France avant l'ordonnance du 5 septembre (1); et sans M. Decazes, les réacteurs de cette époque auraient pu dire comme Alcibiade : « Nous périssions, si nous n'eussions péri. »

Les partis ne veulent pas comprendre que, lorsqu'on est attaché au char de l'autorité, on ne peut pas, à moins de courir follement à l'abîme, marcher aussi vite qu'eux. Ils ne tiennent pas compte à celui qui est homme d'état ou qui en tient la place (je suis injuste; ce jour-là M. Decazes le fut), des difficultés que lui offrent les intrigues du sérail. Je vais esquisser en peu de mots l'histoire de cette époque.

---

(1) *Vis consilii expers mole ruit sua.* (Hor.)

Quelques jours avant l'ordonnance du 5 septembre, M. Decazes me dit, avec une joie pas
tout-à-fait complète : « Cher ami, mon ordonnance sera demain dans le *Moniteur.* » Je courus
au *Moniteur* du lendemain, pas d'ordonnance ;
j'y courus huit jours de suite, pas d'ordonnance.
Enfin le neuvième jour, m'apercevant de son
mal-aise, je gardais le plus profond silence ; il
vint à moi, et me dit dans le tuyau de l'oreille :
« Le Roi signe ce soir. »

Je courus encore le lendemain au *Moniteur :*
néant. Ce ne fut que le sixième jour après cette
confidence, que j'eus le bonheur de lire l'ordonnance.

Voici l'ordonnance obtenue ; passons à l'exécution.

Il fallut changer les préfets. Chaque proposition du changement d'un seul individu restait
au moins quinze jours à la signature ; il est si facile à un souverain de ne pas signer. Le souverain signait-il ? les nouveaux préfets passaient au
pavillon, et devenaient les délateurs du ministère qui les avait choisis ; jusqu'au frère d'un
des orateurs du côté gauche : le pavillon ne con-
sentait aux nouvelles nominations que lorsqu'il
avait acheté les candidats.

Et le côté gauche tonnait contre M. Decazes.

Mon lecteur a dû s'apercevoir que je suis

curieux ; eh bien ! ce vice me conduisit à la société dite : *la liberté de la presse.*

Quelque intérêt que nous ayons à nous connaître nous-mêmes, je ne sais si nous ne connaissons pas mieux tout ce qui n'est pas nous. Pourvus par la nature d'organes uniquement destinés à notre conservation, nous ne les employons qu'à recevoir des impressions étrangères; nous ne cherchons qu'à nous répandre au-dehors, et à exister hors de nous : trop occupés à multiplier les fonctions de nos sens, et à augmenter l'étendue extérieure de notre être, rarement faisons-nous usage de ce sens intérieur qui nous réduit à nos vraies dimensions, et qui sépare de nous tout ce qui n'en est pas. Mais comment donner à ce sens toute son activité et toute son étendue? Comment dégager notre âme, dans laquelle il réside, de toutes les illusions de notre esprit? nous avons perdu l'habitude de l'employer; elle est demeurée sans exercice au milieu du tumulte de nos sensations corporelles; elle est désséchée par le feu de nos passions; le cœur, l'esprit, le sens, tout a travaillé contre elle.

Je trouvai là, comme on trouve heureusement partout, quelques vieux patriotes de 89, de ces hommes qui n'ont jamais eu recours aux baïonettes étrangères, qui aiment la liberté pour elle-même, qui vident leurs discussions en famille, dussent-ils y perdre la tête; qui veulent le trône avant tout; mais qui veulent aussi avec opiniâtreté la franchise de nos libertés nationales; enfin, de ces vieux entêtés qui sont patriotes, et qui ne sont pas libéraux. L'égoïsme a transformé le patriotisme en libéralisme.

J'y trouvai également, et en majorité, beaucoup d'anciens officiers qui boudaient, et des jeunes gens sans moustaches qui babillaient, qui intriguaient et qui prenaient habituellement la pose du Brutus antique. A leur tête se trouvaient ces deux importans rédacteurs du *Censeur*; je conçois que Mesmer, Cagliostro, quelques missionnaires (1) même aient trouvé des hommes crédules; leurs doctrines, quoique absurdes, n'étaient pas tout-à-fait dépourvues d'imagination; mais que la stupidité de ces deux Erostrates ait trouvé des sectaires au milieu de la capitale du monde civilisé, c'est ce qui me passe (2).

----

(1) Aucune vérité ne s'établit sans martyrs, excepté celles qu'enseigne *Euclyde;* mais leur furibondage ne valût-il que des emplois, de l'argent et des carosses; en France c'est bien quelque chose, sans doute, et la persuasion qu'on n'obtient que lorsqu'on est soi-même persécuté. Nos missionnaires ne peuvent plus dire comme St. Paul. « Croyez-moi, car je suis souvent en prison. »

(2) Je lis dans *le Constitutionnel* du 11 février l'éloge

La seconde fois que j'eus l'honneur d'assister aux délibérations de cette auguste assemblée, je vis nommer député M. l'abbé Grégoire. Je pris la parole, et, sans m'être préparé, j'expliquai assez nettement à ces Messieurs l'inconvenance d'un pareil choix; qu'un Bourbon régnait, qu'on ne pouvait pas offrir à ses yeux un régicide! que la nomination de Grégoire effrayerait les royalistes patriotes, qui ont toujours voulu la liberté légale, mais qui abhorrent les saturnales de 93. Peine perdue, ma harangue fut huée; un Catilina de boutique me répondit : « Ils l'avaleront. . . . . . »

---

d'une brochure de M. Dunoyer, l'un des auteurs du *Censeur*, où le complaisant rédacteur le compare à La Boëtie, mon compatriote, l'ami de Montaigne; pourquoi pas à Aristide? quand on prend du galon on n'en aurait trop prendre. J'invite *le Constitutionnel* à être plus sévère dans la distribution des éloges qu'il adresse à ses héros. Les Français n'aiment pas le sommeil; ils sont trop vifs, trop spirituels, trop mobiles, pour rester volontairement abonnés d'un journal qu'on gouaille avec succès.

Quant à la brochure de M. Dunoyer, elle est si ridicule qu'il est même ridicule d'en parler. Ce réformateur trouve mauvais que les hommes qui ont de l'argent le prêtent à M. de Villèle et au roi de Naples! Ignore-t-il que Caton lui-même était ivrogne et prêtait à usure. Empêcher nos banquiers de gagner de l'argent! Mais d'où sortez-vous donc, prédicateur malhabile?

Une autre fois, j'y vis M. le duc de Broglio avec un gros cahier de papier qu'il lisait; je m'informai auprès du voisin de ce dont il s'agissait. « Le ministre, me répondit-il gravement, vient de nous envoyer M. *le duc de Broglio* pour avoir notre avis sur la loi de la liberté de la presse. » Je n'en voulus pas savoir davantage; je me retirai, plaignant le ministre qui avait besoin de tels auxiliaires pour gouverner la France.

Ce fut à peu près vers cette époque que j'eus occasion de savoir le prix d'un député ordinaire. J'avais affaire chez un ministre; M...., député, était dans le cabinet de son Excellence. Sous le prétexte de contempler les traits du vieux prince de Condé, dont le buste en marbre touche au tambour de la deuxième porte d'entrée, je prêtai l'oreille, et voilà le dialogue que j'entendis.

« Votre Excellence se trompe sur mon compte; j'ai, il est vrai, figuré honorablement à la chambre des cent jours, mais j'avais attaqué Bonaparte deux ans avant; ma signature figure à côté de celle de M. Lainé sur la fameuse adresse de 1813. — Vous nous êtes suspect, je ne vous le cache pas, répondit le ministre. — Mais, Monseigneur, je suis sans fortune, sans.....; mon indigence, au besoin, vous garantirait ma fidélité. — Allons soyez à nous, votez pour nous;

4,000 francs de pension, et n'en parlons plus. »
Avis aux électeurs.

M. le duc de Berri fut assassiné; cet effroyable crime vint fortifier l'audace du parti qui avait su profiter de la nomination de Grégoire. J'allai de très bonne heure à la chambre le lendemain; je vis au côté gauche des figures bien affectées, et j'en vis au côté droit de bien rayonnantes; je crus voir des vautours qui battent des ailes sur un cadavre. Je n'ai jamais vu monter un homme à l'échafaud, mais je me suis figuré que M. Decazes, en montant à la tribune ce jour-là, m'en présentait l'image. Quelle profonde affliction se peignait sur tous ses traits!

J'habitais Passy à cette époque; un soir, par un beau clair de lune, je fus accosté par M. Fleury, notaire et maire de Passy; cet honnête homme avait la poitrine oppressée : « Aidez-moi à me sortir d'embarras, me dit-il. — Et quel malheur vous arrive, parlez... — Il y a à peu près huit jours qu'un homme se suicida dans le bois de Boulogne, je fus appelé pour constater l'état du cadavre; ce matin, trois grands personnages (qu'il me nomma, et que je nommerais au besoin) sont venus chez moi, m'ont fait les offres les plus séduisantes pour m'engager à faire un faux. Ils voulaient que j'intercallasse dans le procès-verbal de ce cadavre, que l'homme avait parlé avant de mourir, et que ses dernières paroles accusaient M. Decazes de complicité avec Louvel. Ces trois grands personnages sont revenus ce soir, nouvelles offres, des menaces même.—M. Fleury, Decazes est innocent; allez le trouver, dévoilez à ses yeux cette horrible trame, ou je vais le faire; mais non, profitez vous-même d'une bonne action! il n'est pas ingrat. » M. Fleury suivit mon conseil, que sa conscience d'ailleurs lui commandait. Je ne crois pas que les annales humaines, même celles de 93, offrent un trait plus vil et plus atroce.

Pendant les évènemens de juin, un ministre *malin* me disait : « Savez-vous que ces masses de peuple sont effrayantes! — Cinq voix de plus en votre faveur dans la chambre, auront bientôt calmé votre effroi, lui répondis-je. — Oui, mais il faut avoir ces cinq voix. »

Je connais un vieux patriote de 89, qui, connaissant particulièrement trois des lâches coquins qui se vendirent ce jour-là, refusa ce magnifique courtage.

Je connais un financier libéral (1), qui s'en

---

(1) Le maréchal de V*** contait que dans une de ses campagnes les excessives friponneries d'un entrepreneur des vivres ayant fait souffrir et murmurer l'armée, il le

chargea, reçut deux millions pour cette louable opération, trouva le moyen de se faire passer pour sixième député, et se vendit sans voter. Je vous signalerai quelque jour, coquins !

J'avais connu le général Berton, et j'avais trouvé l'occasion de lui être utile en 1816. Je rencontrai cette pauvre tête quelques jours avant son départ pour sa grande expédition ; c'était aux Champs-Élisées pendant les jours de Longchamps. Je le tirai à l'écart, en lui disant : « Taisez-vous donc, mauvaise tête ; mais à qui en voulez-vous ; vous croyez-vous capable de lutter contre un gouvernement ; êtes-vous Napoléon ; vous a-t-on exilé ; ne vous paie-t-on pas votre solde ? — Non, me dit-il, j'en veux à cet infâme Mounier. » Ainsi, c'est M. Mounier qui, sans s'en douter, causa la folie de cet écervelé.

Ce malheureux, se voyant sur le point de payer de sa tête cette déplorable incartade, voulant sau-

---

tança vertement et le menaça de le faire pendre. « Cette menace ne me regarde pas, lui dit hardiment le fripon, et je suis bien aise de vous dire qu'on ne pend pas un homme qui dispose de cent mille écus.—Je ne sais comment cela se fit, ajoutait naïvement le maréchal, mais en effet il ne fut point pendu, quoiqu'il eût cent fois mérité de l'être. »

ver le bien de ses enfans, il chercha trois noms qui pussent lui rendre ce service, et les confia à son beau-frère.

Les deux premiers, libéraux, refusèrent, par prudence sans doute.

Le troisième, vieux patriote, n'hésita pas, et sauva tout; la liquidation se signait pendant la nuit qui précéda le rejet du pourvoi. Les deux libéraux, humiliés de leur lâcheté, trouvèrent tout simple de calomnier le vieux patriote. Il ne s'était chargé de cette affaire que pour en profiter. « Parlez, enfans Berton, élevez la voix, punissez ces lâches calomniateurs, vous le devez au patriote qui vous préserva des horreurs de la misère. »

Je sens que tout ce que je fais n'est qu'ébauché, j'en demande pardon à mon lecteur; mais il m'excusera facilement, lorsqu'il saura que j'explique à ma manière le *nos patriam fugimus*. toutes mes notes sont à Paris; je n'ai point de livres, ma mémoire toute seule fait les frais de cet écrit. (1)

-----

(1) Il faut fixer, quand on le peut, son séjour dans sa patrie, pour l'aimer et la servir. Heureux celui qui, privé de cet avantage, peut au moins vivre au sein de l'amitié dans la patrie du genre humain, dans cet asile ouvert à tous les hommes, où se plaisent également l'aus-

tère sagesse et la jeunesse folâtre ; où règnent l'humanité, l'hospitalité, la douceur et tous les charmes d'une
société facile ; où le pauvre trouve encore des amis, la
vertu des exemples qui l'animent, et la raison des gui-
des qui l'éclairent! C'est sur ce grand théâtre de la fortune, du vice, et quelquefois des vertus, qu'on peut
observer avec fruit le spectacle de la vie ; mais c'est
dans son pays que chacun devrait en paix achever la
sienne.

CHAPITRE XIX.

LE COMTE DU C*ayla*...

*Is pater est quem justæ nuptiæ
demonstrant.*

Celui-là est père, que le mariage
démontre tel.

Ce n'est qu'en cherchant qu'on trouve, dit un
ancien proverbe; il m'est cependant arrivé quelquefois de trouver sans chercher. J'allais souvent le soir fort tard, lire les journaux au café de
Foix, pour me délasser. Deux choses contraires
nous préviennent également, l'habitude et la
nouveauté. Je rencontrai à ce café un homme
qui sait beaucoup, qui a un esprit très original,
et qui ne pardonne pas aux gens de sa caste,
lorsqu'il croit les voir s'éloigner du système que
le Roi leur a tracé dans son immortel monument.
C'est M. le comte du C...; il avait alors des
procès désagréables avec sa femme; le temple de
Thémis ne retentissait que de son nom; la position de ses enfans, au milieu de ces pénibles

13..

discussions le chagrinait; il me demandait quelquefois des conseils ; je lui en donnais, mais je ne pouvais pas parvenir à le calmer, et surtout à lui persuader que ce qu'il craignait était *impossible*. Tout est si conjectural dans ces matières, que j'avais beau jeu; il me répétait sans cesse : « Deux sortes de gens fleurissent dans les cours, et y dominent dans divers temps : les libertins et les hypocrites (1). »

C'est dans les nombreuses et longues conversations que j'ai eues avec M. le comte du C..., que j'ai pu recueillir les principaux traits de son

----

(1) Je me rappelle que pour le distraire je lui racontai diverses anecdotes, entre autres celle des armes de Mme. la comtesse Dubarry, avec la devise : *Boutez en avant ;* et celle-ci :

Monsieur, comte de Provence, aujourd'hui roi de France, dans son passage à Avignon, en 1771, avait choisi son logement à l'hôtel de M. le duc de Crillon. Les officiers de la ville s'étant présentés pour avoir l'honneur de le garder, il les remercia avec beaucoup d'empressement de leur bonté, en ajoutant « *qu'un fils de France n'avait pas besoin de garde quand il logeait chez un Crillon.* » Ce trait charmant semble être sorti de l'âme de Henri IV.

Et quand vous seriez c..., lui disais-je, quel est l'état ou le mérite qui mette à l'abri de cet inconvénient? mais vous ne l'êtes pas, calmez-vous.

histoire; si ma mémoire est fidèle, je vais tâcher de les reproduire ici.

Fils d'un grand seigneur d'autrefois, sa famille était en possession de donner, de père en fils, un bon serviteur aux princes descendans du rival de Turenne : Celui qui pleurait aux vers du grand Corneille.

L'émigration eut lieu, le père de M. le comte du C...... suivit le vieux Condé sous le drapeau qu'il croyait être celui de l'honneur. Le voyant déployé sur le sol étranger, je n'étais pas alors de son avis; je ne le suis pas encore. « *Impiè, Coriolanus qui auxilium petiit a Volscis; rectè, Themistocles, qui mori maluit.* (1). Cic. à Attic. »

Le jeune comte du C... suivit son père; non qu'il fût d'âge à discerner ce que notre vieille civilisation appele honneur et devoir; mais la voix paternelle l'entraînait. Il dut obéir.

L'armée de Condé ne le séduisit pas, il avait assez de justesse dans l'esprit pour juger qu'on ne vient à bout de dompter une nation de trente millions d'hommes, que lorsqu'elle y consent; d'ailleurs, les rivalités, les prétentions, les regrets, les besoins même, qui, là comme ailleurs,

---

(1) Le cœur de tout bon citoyen honore celui qui aima mieux périr que de porter les armes contre sa patrie.

altéraient les belles qualités que Dieu donna à l'espèce humaine, excitèrent dans son jeune cœur le besoin de revoir le beau soleil de France. D'où naît le plaisir que l'homme éprouve à retourner aux lieux qui le virent enfant; ceux où il s'initia aux deux grandes affaires de notre destinée, aimer et souffrir? Toutes les joies, tous les chagrins de cet âge, qui n'a que des impressions vives et passagères, s'offrent alors à sa mémoire, avec le contraste des jouissances et des douleurs d'une saison plus mûre.

Son jeune cœur n'y tint pas; il se déguisa, et passa hardiment ce qu'on nommait alors le Rubicon; la crainte suivit bientôt ce premier mouvement; il ne s'agissait pas de combattre un noble adversaire, il fallait affronter l'échafaud. M. le comte du C..., me disait en me racontant cette circonstance de sa vie; on ne sait pas assez quels tourmens éprouve l'homme qui craint pour sa liberté, alors que chaque être vivant se présente à lui comme un délateur et comme un ennemi. L'âme est humiliée par la nécessité de tout craindre; le cœur se révolte contre un effroi qui blesse tous les sentimens; il n'est pas un spectacle qui ne fomente quelque douleur, il n'est pas une émotion qui n'inquiète la conscience; aucune illusion généreuse, aucun sentiment exalté ne donnent de la force pour défier de tels dangers.

Il arriva à Brie-Comte-Robert, et pour se délasser de sa longue fatigue, il s'assit sous un arbre au coin du parc de ses aïeux. Le sommeil, ce doux abandon, l'image du néant, ce tranquille oubli des soins où les hommes se noyent, vint bientôt secouer sur lui ses pavôts et ses aimables songes. En se réveillant, il aperçut un homme qui le contemplait, et qui depuis une heure veillait sur lui comme autrefois il avait veillé sur son berceau.

Ce vieux serviteur, cette vivante image d'une des plus belles vertus terrestres : la fidélité, était un vieux domestique dont le nouveau propriétaire avait fait un garde-chasse. Malgré sa barbarie, ce moderne Vandale, avait conçu que la probité était bonne à quelque chose.

La joie, qui poussée à l'excès produit aussi de facheux résultats, comme toutes les bonnes choses de ce monde, se communiqua dans la maison du garde; quelques voisins y participèrent, et bientôt de grossiers municipaux ordonnèrent l'arrestation du fils de leur ancien seigneur.

Il arriva à la conciergerie, pour passer de-là où tant d'autres victimes ont passé. Il lui vint un trait de lumière, une de ces inspirations divines qui replacent la vie au milieu du néant. Il se rappela que Saint-Just, ce jeune et fougueux disciple de Diderot, qui voulait du boyau du dernier des prêtres étrangler le dernier des rois, avait été son ami de collége : il lui écrivit ; le porteur de sa lettre lui rapporta un billet qui lui ouvrait les portes de la prison, et qui lui annonça que son ancien camarade l'attendait pour dé-jeûner (1).

Déjeuner n'a jamais été une affaire difficile à exécuter, même en 93. Mais M. le comte du C... était émigré, et Saint-Just, malgré sa *presqu'om-nipotence*, ne pouvait pas garder un émigré au-près de lui. Il conçut le projet de le mettre dans le *salpêtre*, de le faire changer de nom, et de l'envoyer faire de la poudre à Rouen. Que ne faisait-on pas alors pour sauver sa tête ? Trois mois s'étaient à peine écoulés que M. le comte du C... fut reconnu et dénoncé par M. le mar-quis D... aujourd'hui......; ma plume s'arrête malgré moi ; les hommes descendent quelquefois si bas que l'historien s'en dégoûte.

Le comte du C... fut arrêté de nouveau et conduit à Paris. Saint-Just se trouvait en-core là, il fit obtenir à son ancien camarade un passeport pour la Suisse. Trois jours plus tard, Saint-Just descendait dans la tombe avec ses af-

---

(1) *Sæpe premente deo fert deus alter opem.*

Si quelque Dieu nous presse, un autre nous délivre.

freux complices et ses horribles doctrines ; mais il n'entraînait point avec lui la loi qui proscrivait les émigrés. De quelles circonstances dépend quelquefois la destinée des hommes ! le proscripteur devint un protecteur bienveillant, et celui que le même sort aurait dû atteindre, devint un lâche délateur ; l'un croit aujourd'hui avoir à se plaindre de ses égaux, et peut-être même de ses supérieurs, et l'autre remplit une des fonctions les plus honorables de l'État.

Mᵐᵉ. de Staël, dans ses *Considérations sur la révolution française*, parle de l'arrivée à Coppet, de M. le comte du C..., et des dangers qu'il avait dû braver pour y arriver ; elle aurait dû dire quelle était la main invisible qui l'avait sauvé. Quand on fait de l'histoire, ou qu'on a la prétention d'en faire, on dit tout, et surtout ce qui est bon ; Mᵐᵉ. de Staël n'ignorait pas la conduite de Saint-Just. L'avoir cachée, comme tant d'autres choses, c'est faire l'histoire d'une coterie.

M. le comte du C... fut très bien accueilli à Coppet, par la spirituelle plus que judicieuse hôtesse de ce lieu de délices. Il y trouva bonne compagnie ! C'était M. de J..., son oncle ; M. Neker, M. M...... et quelques autres personnages de ce calibre. Les questions sur l'armée de Condé ne tarissaient pas ; cette pauvre armée n'avait pas le bonheur de commander à l'admiration des Chartreux de Coppet; les sarcasmes, le mépris même, erraient sur les lèvres des interlocuteurs, chaque fois que la conversation amenait ces preux sur le tapis. On n'y aimait pas le comité de salut public, mais on ne le méprisait pas; on trouvait seulement les formes qu'il employait un peu acerbes; et comme l'espérance n'abandonne jamais les faiseurs d'utopies, on croyait voir dans l'avenir, la France soumise à une bonne république, aussi facile à gouverner que celle de Coppet. M. M......., surtout, ne se lassait pas de citer à tout propos, ces deux vers des Scythes.

Nous sommes tous égaux sur ces rives si chères ;
Sans rois et sans sujets, tous libres et tous frères.

Il soutenait encore qu'il n'était pas noble, et la Syrène qui commandait si gracieusement dans cette autre île de Calypso, le fortifiait dans cette pensée. Enfin, pour désabuser ce pauvre M......, M. le comte du C... fut obligé de lui mettre *Moréri* sous les yeux; et par ce moyen il lui prouva par écrit, que si la noblesse avait failli dans la maison des Connétables, elle n'en était pas moins contemporaine du berceau des Bourbons. Je ne crois pas que la maison de Montrouge existât à cette époque; non que ses robes courtes soient un préservatif contre les passions mondaines, pour toutes les époques de la vie; mais c'est un refuge,

Car de l'amour à la dévotion il n'est qu'un pas;
L'un et l'autre est faiblesse.

Les esprits faibles, ces cervelles molles que le premier jongleur pétrit à volonté, passent rapidement de Coppet au Paraguay; il y avait justement un Paraguay (1) à deux lieues de Coppet.

---

(1) Couvent de jésuites. Comme la jeunesse ignore sans doute ce qu'étaient et ce que sont encore messieurs de la compagnie de Jésus, il me paraît convenable de lui dire ce qu'en pensait le père *Valérien*. Puisqu'on leur confie l'instruction publique, il est juste de faire connaître leur morale.

« Ce genre d'hommes, qui se rend insuportable à
» toute la chrétienté, aspire, sous le prétexte de bonnes
» œuvres, aux grandeurs et à la domination, en dé-
» tournant à leurs fins toutes les lois divines, humaines,
» positives et naturelles. Ils attirent, ou par leur doc-
» trine, ou par crainte, ou par espérance, tous les grands
» de la terre, de l'autorité desquels ils abusent pour
» faire réussir leurs détestables intrigues. Mais leurs at-
» tentats, quoique si criminels, ne sont ni punis, ni ar-
» rêtés; ils les commettent avec la même hardiesse que
» s'ils rendaient un service à Dieu. Tout le monde le
» reconnaît, tout le monde en parle avec exécration,
» mais peu sont capables de s'opposer à une si puissante
» tyrannie: *mentiris impudentissimè.* »

La Syrène, à son corps défendant, y conduisit

Les jésuites répondirent par cette maxime, publiée dans les thèses de Louvain, de l'année 1545. « Ce n'est
» qu'un péché véniel de calomnier et d'imposer de faux
» crimes pour ruiner ceux qui parlent mal de nous.
» *Quidni nonnisi veniale sit, detrahentis autoritatem*
» *magnam, tibi noxiam falso crimine elidere.* »

Par cette autre du père Caramuel, n°. 1151 : « Qu'il
» n'y a point de péché mortel à calomnier fausse-
» ment. »

Par cette autre, du père Bauny : « Qu'il est permis
» de rechercher directement, *primo et per se*, une oc-
» casion prochaine de pécher pour le bien spirituel ou
» temporel de nous ou de notre prochain. »

Par celle-ci, du même père Bauny : « On ne doit dé-
» nier ni différer l'absolution à ceux qui sont dans les
» habitudes de crimes contre la loi de Dieu et *de na-*
» *ture*, encore qu'on n'y voie aucune espérance d'amen-
» dement : *et si emendationis futuræ spes nulla appa-*
» *reat.* »

O divin Pascal ! la moindre de tes lettres était plus difficile à faire que toute l'Encyclopédie.

J'ai la preuve matérielle, pratique, que depuis dix ans il y a des jésuites au fond de toutes choses ; leurs robes courtes se sont insinuées dans toutes les profes- sions, dans toutes les familles ; leurs progrès sont rapi- des ; j'ai déjà vu une femme honnête, royaliste franche, appliquer avec habileté Escobar à la politique ; et certes ces *restrictions mentales* ne sont pas de son crû. Je nom- merais, au besoin, la robe courte qui la dirige. Rois,

M........ , et M........ , comme le jeune Mari-

---

prenez-y garde, ces services vous coûteront cher. J'ai vu les jésuites tour-à-tour jacobins et royalistes ; la vérité est qu'ils ne sont ni jacobins ni royalistes : ils sont jésuites. Ils ont ceint la thiare depuis quelques années : ils marchent vos égaux, ils seront bientôt vos maîtres, *si déjà fait n'a été.*

Je vous prédis, messieurs de la ruse, que les *tisons d'enfer* vous chasseront de France encore une fois, quand bien même on vous rendrait les lettres de cachet, quand même quelque nouveau père Brisacier nous traiterait de *portes d'enfer, pontifes du diable, gens déchus de la Foi, l'Espérance et la Charité, qui bâtissent le trésor de l'Ante-Christ.* On trouvera toujours en France, pour vous combattre et vous chasser, des hommes pénétrés de la simplicité de l'esprit de Dieu, qui maudiront ceux qui sont doubles de cœur, et qui se préparent toujours deux voies. *Væ duplici corde, et ingredienti duabus viis.*

On a perfectionné de nos jours l'art de détruire les lions et les punaises.

Si ce n'est pas trop abuser de la patience de mon lecteur, je le prie de lire avec attention les deux maximes suivantes ; il s'agit de l'aumône.

Vasquez, jésuite de son métier, voulant plaire aux riches et flatter leurs passions, leur dit, *de El. C.* 4, *n°.* 14 : « Ce que les gens du monde gardent pour relever leur condition et celle de leurs parens, n'est pas appelé superflu ; il n'y a jamais de superflu dans les gens du monde, pas même dans les rois. »

gny (1), se dérobant aux regards de l'enfant de Calvin (2), prononça *furtivement* et *mystérieusement* ces mots: « Je suis templier. »

M........ rentra en France, encore comme le jeune Marigny; l'amour lui fit oublier le Paraguay : il se maria; l'acte civil fut dressé, mais lorsqu'il fallut recevoir la bénédiction nuptiale, le prêtre, qui était jésuite, lui rappela ses sermens en lui disant : « Je le savais. »

M........., malgré la parole de l'Évangile, fit dès ce moment, vœu d'abstinence, et la malheureuse duchesse n'épousa même pas un jésuite; car pour être jésuites ils n'en sont pas moins hommes.

Voici ce que dit St. Augustin sur le même sujet :

« Nous aurons beaucoup de superflu si nous ne gar- » dons que le nécessaire ; mais si nous recherchons les » choses vaines, rien ne nous suffira. Souvenez-vous » que le superflu des riches est le nécessaire des » pauvres. »

Il faudrait au moins un certificat de la cour royale de *Dijon* pour que, de nos jours, St. Augustin pût entrer à Mont-Rouge.

(1) Tragédie des *Templiers.*

(2) On me comprendrait mal si on pouvait penser que je plaisante sur le mot Calvin ; ceux qui ne le considèrent que comme théologien connaissent mal l'étendue de son génie.

Quinze ans d'abstinence avaient séché cette noble tige, lorsqu'un Prince auguste découvrit ce vœu barbare; il s'adressa directement au Saint-Père, paya les dispenses, comme de raison, et facilitant aux enfans d'Israël le passage de la Mer-Rouge, il les fit sortir du désert (1).

Après la tourmente révolutionnaire, et même long-temps après le consulat, M. le comte du Cayla se maria; il épousa Mlle. T...., fille d'un ancien magistrat au parlement de Paris, qui avait émigré.

M. T... était rentré en France; et c'était lui qui entretenait la correspondance des princes avec les royalistes de l'intérieur.

Bonaparte découvrit cette correspondance, et donna des ordres à son ministre Fouché, pour que M. T......, qui habitait une terre dans le Gatinais, fût arrêté, et le duc de R....., qui commandait alors la gendarmerie, fut chargé de l'exécution de cet ordre.

M. le duc de R....., qui s'appelait général S....., ne connaissait pas plus à cette époque les vertus qu'on nomme prudence et modération,

____

(1) Je donnerai plus tard l'histoire d'une jolie disciple de Loyola, une amie de la calviniste Mme. de Staël. Les extrêmes se touchent quand ils ont la haine pour moteur.

et peut-être même la prévoyance, qu'il ne les connaît aujourd'hui. Il paraît que le temps qui corrige tant de choses, ne l'a pas corrigé (1). M. de R. . . . . , dis-je, se rendit à Montargis, y réunit quelques brigades de gendarmerie, et se porta, avec tout cet appareil militaire, sur le château qu'habitait M. T. . . . . Le vieillard fut arrêté brusquement, enlevé du milieu de sa famille comme un malfaiteur, jeté sur une charrette, et conduit de brigade en brigade dans un des cachots de Paris.

Napoléon, qui avait quelquefois le sentiment des convenances, sentit bien qu'une arrestation aussi brutale d'un vieillard respectable dont tout le crime consistait à avoir été long-temps vertueux, proscrit et fidèle, ne pouvait produire qu'un mauvais effet; il voulait bien conserver sa proie, mais le scandale l'affectait. Il reçut S. . . . . avec indignation, et le général resta au moins quinze jours sans oser paraître devant son maître.

M. T. . . . . dans un cachot, sa fille dut venir à

---

(1) Voilà un désapointement qui devrait corriger les serviles, surtout ceux qui ne sont pas sortis de la cuisse de Jupiter ! il faut être laquais de père en fils pour pouvoir dire fructueusement : « *Comme j'ai servi je servirai...* » Voilà donc un Narcisse qui la *gobe ;* si cet exemple pouvait en détruire la race !

Paris pour rendre à son père les soins de la piété filiale; elle y vint, et le ministre Fouché lui facilita l'entrée de la prison où son malheureux père était détenu.

Quelque temps après, le ministère de la police fut occupé par l'officier de gendarmerie qui avait si brutalement arrêté M. T...; et, malgré toute sa répugnance, Mlle. T...., qui devait être alors fort jolie, se vit obligée de passer par les mains du général S....., pour pouvoir pénétrer dans l'asile de l'infortune.

M. le comte du C..... se plaignait toujours; il se figurait, à tort sans doute, qu'il jouait le rôle de Georges-Dandin; il avait même la bonne foi de se dire : tu l'as voulu. Il me citait sans cesse l'anecdote de François Ier. et de l'orfèvre du quai des Lunettes (1); mais, lui répondais-je,

---

(1) François Ier. avait trouvé de son goût la femme d'un orfèvre du quai des Lunettes; tous les maris ne sont pas des d'*Etioles*, car, qu'on soit cocufié par un roi ou par un charbonnier, on est toujours cocu. L'orfèvre surprit le galant monarque dans son arrière-boutique ; il n'osa pas le déranger : mais lorsque le roi fut sorti, l'orfèvre ameuta contre lui les polissons de la rue. Les deux courtisans qui montaient la garde pendant que..., trouvèrent mauvais que le pauvre Amphytrion osât se plaindre de la faveur que lui faisait Jupiter; ils conseillèrent au roi de sévir contre ce *délinquant.* « Non, ré-

il n'y a aucune espèce de similitude ; l'orfèvre avait vu l'*in flagrante delicto*. D'ailleurs, François Ier. était jeune ; c'était la fleur de la chevalerie ; courtois à l'excès, ce fut lui qui rendit *verbalement* cette belle ordonnance, qui en vaut bien d'autres, et qui avait pour objet de *croiser les races*. Enfin, fatigué de ses doléances, je pris le parti de faire à son égard ce qu'il avait fait jadis à M. M........ ; mais au lieu de lui mettre *Moréri* sous les yeux, j'y mis le *Traité des Dispenses*, qui est écrit en latin. Je lui expliquai mot à mot toutes les circonstances requises par les casuistes pour la consommation de l'adultère (1). Il me

---

pondit le demi-dieu ; à vaincre sans péril on triomphe sans gloire, laissons-le crier, c'est un cocu qui se venge.» Il paraît qu'au temps de François Ier. les rois libertins étaient obligés d'aller en *maraude* ; que les temps sont changés ! combien de grands seigneurs ont été et seront encore moins susceptibles que le pauvre orfèvre !

(1) *Penetrationem vasis absque seminis emissione.*

Si penetrato jam vaso seminatur extra vas.

Quod si vir solos lascivos actus exerceat, et absque emissione virilium in muliebria solam pollutionem committat extra vas, vel saltem haud minus, si omnino non seminat vir : consequenter a pœna immerito eximitur..... (T. d. Disp., vol. 1er., ch. vi.)

Tout ce chapitre est du jésuite Vasquez.

J'aurais également pu au besoin me servir de *Lessius*,

répliqua de nouveau . . . . Mais malgré moi
je suis forcé de faire ici comme *Sterne*, et d'offrir
à mes lecteurs une page noire.

---

autre jésuite, qui a trouvé des raisons pour justifier les
adultères et les incestes, et *ôter aux personnes offensées
les scrupules qui pourraient les troubler mal à propos.*

14..

CHAPITRE XX.

Conticuere omnes , intentique ora tenebant.
J'ouvris les oreilles pour mieux entendre.

MUTIUS SCOEVOLA.

Je m'étais lié d'amitié avec un employé supérieur des. . . . . , M. . . . . . . , homme honnête, probe et religieux, mais un peu mystique ; son âme ne s'arrête pas au positif du dogme, il écoute la doctrine controversée des philosophes de la Germanie ; sans perdre de vue le point d'arrêt qu'offre le culte du Dieu des chrétiens, il s'égare volontiers dans une métaphysique obscure, et son âme, à son insu, prête le flanc aux doctrines les plus extravagantes.

Je rencontrais souvent chez lui un de ces hommes qui se disent supérieurs, parce qu'ils professent des doctrines nouvelles, et qui vous traitent de matière toute pure, si vous avez le malheur de ne pas les comprendre, comme s'ils se comprenaient eux-mêmes !

Je voulus hasarder parfois de simples observations, en abordant les hautes matières qui faisaient l'objet de la conversation ; je n'étais qu'un sot, et je me voyais toujours forcé de rentrer, battu, dans la vieille doctrine de mes pères.

Un jour que la discussion s'était échauffée, l'homme aux doctrines nouvelles, qui me connaissait, je ne le reconnaissais pas, laissa échapper devant moi, le nom d'une riche maison de mon pays, c'était justement dans cette maison qu'avait habité le représentant Rome pendant son terrible proconsulat; le nom de Bouillac fit passer un trait de lumière dans mon esprit, je reconnus l'homme aux doctrines nouvelles : c'était *Mutius Scœvola*. Je gardai le silence, mais il vit bien qu'il était reconnu. Il me sut gré de ma discrétion, et me prenant le bras au sortir de la soirée, il m'avoua que je ne m'étais pas trompé, et me raconta toute son histoire.

Mutius Scœvola fut déporté, après le 9 thermidor, à la Guyane française, avec Collot-d'Herbois et Billaud-Varennes. Soit que le climat ne lui convint pas, soit pour toute autre cause, il passa au Paraguay, où il se fit jésuite.

Après un long séjour au Paraguay, il revint en France, et obtint de Napoléon la permission de fonder un couvent des Pères de la Foi. Un séjour de trois ans en France parut suffisant à Mutius Scœvola, et il se brouilla avec le duc de Rovigo, ou plutôt avec le chef de l'état. C'était à l'époque des affaires du pape : il fut banni de France.

Mutius Scœvola dirigea ses pas vers le pays de la mysticité, l'Allemagne. Il devait nécessairement rencontrer Mme. Krudner; le ciel n'avait pas créé ces deux phénomènes sans un but d'utilité morale : ils se rencontrèrent, ils se lièrent même d'une si étroite amitié, qu'ils n'avaient qu'un seul toît et un seul foyer.

Les armées alliées entraient en France ; Mme. Krudner et son jeune ami faisaient partie du fourgon de l'empereur Alexandre ; et lorsque la fortune, trahissant nos vieilles cohortes, ouvrit la capitale aux ennemis de notre patrie, Mme. Krudner et son digne chevalier vinrent loger rue du Faubourg-St.-Honoré, hôtel Monchenu. C'est là que l'héritier du sceptre européen, venait se délasser des soins de son empire, et, comme au berceau du monde, se contentait d'une simple agape.

Il fallut exorciser ce jeune néophite, et le mettre en communication, tantôt avec la vierge Marie, et tantôt avec l'archange St.-Michel. Mme. Krudner, ainsi que *Mutius Scœvola*, craignant que leurs pouvoirs magiques ou leurs charmes moraux se trouvassent insuffisans, s'adjoignirent, l'un M. B......, et l'autre une marquise d'A...., qui était en possession de faire des miracles. Ce renfort fut suffisant, et après toutes les préparations d'usage en semblable matière, le disciple fervent de cette nouvelle doctrine reçut de la sainte Vierge, directement par l'entremise de la marquise d'A. . . . . ., les quatre articles mystiques de la Sainte-Alliance, qui avaient été rédigés par M. B. . . . . . .; ce qu'il y eut de plus clair dans cette affaire, ce furent les douze mille livres de rente qu'Alexandre donna à Mme. la marquise, en reconnaissance de ce louable service.

Je viens de raconter ce que je tiens directement de *Mutius Scœvola*. Je vais dire maintenant ce que je sais d'autre côté.

En 1814, le prince Ozarouski, aide-de-camp d'Alexandre, qui logeait alors rue du Faubourg-St.-Honoré, hôtel Mortefontaine, m'a dit, trois ans avant que je n'eusse rencontré *Mutius*, qu'ayant eu besoin de joindre son souverain un soir à onze heures, pour lui remettre une dépêche pressée, il l'avait surpris hôtel Monchenu, au rez-de-chaussée, étendu la face contre terre, et recevant ce qu'il appelait des *simagrées* d'une femme de trente à quarante ans. Le vieux prince . . . . . ., ancien ambassadeur à Naples, qui a vu naître Alexandre, et qui était chambellan de Paul, à qui je racontais l'histoire de *Mutius Scœvola*, me répondit : « Oui, Alexandre a subi cette capucinade, mais il n'y croyait pas, il mystifiait les mystificateurs. Rappelez-vous, me dit-il, le mot de votre *grand homme*, le plus beau et le plus perfide des Grecs : *Timeo Danaos et dona fe-rentes.* »

Les missionnaires vinrent prêcher à Paris ; il y eut même quelques scènes scandaleuses. Il me prit fantaisie, un soir, d'aller à Ste.-Geneviève ; j'y fus, et quel fut mon étonnement, lorsque j'aperçus, dans la chaire de vérité, *Mutius Scœvola* qui se démenait comme un diable dans un bénitier, et qui, par parenthèse, ne disait rien de bon. Il me parut là, qu'il avait mieux compris jadis les doctrines du comité de salut public, que celles du charitable et éloquent Fénélon (1).

____

(1) Lorsque les appels *comme d'abus* étaient portés devant les parlemens, il y avait là indépendance et garantie ; les affaires suscitées par les jésuites contre les curés de Libourne et de Pomeyrol en font foi. Mais les appels *comme d'abus* jugés par le conseil-d'état, ou le conseil de Castille, *bis in idem*, c'est l'introduction en France de l'inquisition toute pure ; l'auto-da-fé ne constitue pas seul l'inquisition, pas plus que la peine de mort ne constitue seule la justice criminelle. Avec un conseil-d'état on peut travailler ses ennemis d'une manière bien sûre et bien commode, quelqu'innocens qu'ils soient. Les papes et les évêques, joignons-y même les jésuites, n'appréhendaient rien tant que le parlement de Paris. Vous regrettez donc l'ancien régime, me di-

Par une belle journée du mois de juillet, je me promenais aux Tuileries, loin de la foule, et je

---

ront quelques esprits superficiels, qui ne voient que l'é-corce des choses. Je regrette les bonnes choses qu'avait l'ancien régime : les *Molé*, les *Harlai*, les *Séguier*, et tant d'autres grands magistrats, que le pouvoir n'achetait pas avec une direction ou un bureau de tabac ; je regrette les Duprat, les Lachalotais ; je regrette enfin les hommes probes qui eurent le courage d'arrêter cent fois le pouvoir absolu, qui ne se vendirent pas à la cour de Rome, qui protestèrent contre le pape Boniface VIII, dont l'impudence allait jusqu'à déclarer hérétiques ceux qui ne croyaient pas que le roi de France lui était soumis, même pour les choses temporelles, et qui disait insolemment dans sa bulle *unam sanctam* : « Qu'il est de » nécessité de salut de croire que le pape est maître de » l'un et l'autre glaive, tant spirituel que temporel, et » que toute créature humaine lui est sujette.

» Que toutes sortes de personnes, rois et particuliers, » peuvent être déchus et pour jamais rendus incapables » de tous honneurs, dignités et biens. »

Les parlemens repoussèrent ces horreurs ultramontaines ; elles passeraient dans la chambre de 1824, si lord Walpoole était premier ministre.

Qu'on ne pense pas que l'exemple du pape Boniface soit le seul ; j'aurais pu en offrir cinquante, où l'état et la vie de nos rois sont menacés ! Qu'on lise l'exécrable livre intitulé : *Admonitio*, du père Johannis, jésuite, l'ami du cardinal Barberin, légat du pape ; celui du père Sanctarel, jésuite, et qu'on ose soutenir que les prin-

tenais à la main le journal espagnol, le *Restau-rador*, qui donnait les détails de la victoire que les miliciens de Madrid avaient remportée sur la garde royale, le 7 juillet; je fus abordé par deux hommes en habits de laïcs, qui rayonnaient de joie : l'un était *Mutius Scœvola*, et l'autre M. D..., homme de lettres distingué, qui pense très bien aujourd'hui, mais qui, dit-on, trempa autrefois son doigt dans la sauce jacobine, on dit même cordelière. « Que pensez-vous, me dit *Mutius*, de l'affaire de Madrid ? — Je n'ai pas d'opinion formée, lui répondis-je. — Mais je crois que vous hésitez; oubliez-vous que vous m'avez connu *Mu-*

cipes et les hommes de 93 n'étaient pas les descendans en ligne directe de la compagnie de Jésus! J'engage mes lecteurs à lire la collection judiciaire de M. Dargentré, évêque de Tulles.

Sous Louis XIV, on voulut introduire en France l'inquisition; elle ne fut arrêtée que par le parlement, qui, en s'attribuant les questions de fait, ruinait cette cabale insatiable, pour les choses même de la foi. Gens de lettres, hommes pieux, hommes courageux, taillez vos plumes, l'ennemi est dans le camp, sans qu'aucun contrepoids puisse l'arrêter! A nous la bataille, fouillons dans nos vieilles archives, qui, sur ce point, regorgent de lumières; repoussons cette société scandaleuse; montrons à nos contemporains tout ce qu'il y a d'absurde dans l'infaillibilité, que les jésuites attribuent au pape, pour la destruction de l'église et de nos libertés.

tius-Scœvola, et que je suis toujours le même ?
Eh bien ! puisque vous hésitez, je vais dire, moi,
ce que j'en pense : la Sainte-Alliance a rencontré
un roc ; elle est f....., et la révolution recom-
mence. »

Il y a environ six mois, qu'allant dîner aux
Champs-Élysées, j'aperçus *Mutius Scœvola*, en
soutane, qui dirigeait ses pas vers la barrière ; je
l'arrêtai, et je lui offris de venir partager mon
dîner. « Je vais au Calvaire, me répondit-il avec
une voix saintement pieuse. — Et les affaires
d'Espagne où en sont-elles, lui demandai-je ?
— La sainte cause de Dieu triomphe ; je vais au
Calvaire. » Et moi j'allai dîner. (1)

---

(1) Mon lecteur se rappelle peut-être les entretiens
qui avaient lieu chez le farouche Amar, entre plusieurs
jacobins régicides, l'abbé......... et moi.

Cet abbé est jésuite : que faisait-il chez Amar, dès
l'année 1807 ? J'étais encore clerc de notaire à cette
époque.

J'ai vu cet abbé, vers 1812 ou 1813, au foyer de
l'Opéra, donnant le bras à M. J......, ancien proconsul
jacobin, homme sans mœurs. Je lui en témoignai mon
étonnement ; il me répondit en balbutiant : «Il s'est con-
verti. »

J'étais trop jeune alors pour apprécier le fond des
choses ; mais ma mémoire, qui est fidèle, me reproduit
facilement toutes les circonstances de ma vie, et je

Je ne ferai point de réflexions sur ce chapitre : c'est de l'histoire toute pure.

J'ai bien connu un autre missionnaire, ancien auditeur, sur le compte duquel j'en sais de belles ; mais comme il paraît que la grâce l'a touché, à tout péché miséricorde ! Bon, j'y consens ; mais pourquoi ces anciens donneurs de mauvais exemples sont-ils aujourd'hui si intolérans. (1)

---

prendrais l'engagement de signaler vingt jacobins fameux qui sont rentrés dans la compagnie de Jésus depuis 1813.

Que chaque véritable patriote de 89 en fasse autant, et peut-être remonterons-nous à la source du fleuve qui, en 93, couvrit de son sale limon notre belle révolution. L'esprit de Loyola est furieusement investigateur. Billaud-Varennes, Collot-d'Herbois, *Mutius*, et quelques autres, furent accueillis en frères par les jésuites du Paraguay ; c'est *Mutius* lui-même qui me l'a dit.

C'est encore lui qui m'a répondu : « Roberspierre ou Loyola, » lorsque je lui témoignai mon étonnement de le voir missionnaire.

(1) Vous parlez sans cesse de mœurs, de coutumes et d'opinion publique, et vous avez raison, car c'est là l'inébranlable clef de votre voûte politique ; mais comment voulez-vous les obtenir avec des jésuites, de l'aristocratie exclusive, des courtisanes, des caffards, en un mot l'excessive opulence et l'excessive gueuserie ? Ces deux états, naturellement inséparables, sont également funestes au bien commun ; de l'un sortent les fauteurs

Il me passe par la tête, en ce moment, une anecdote qui mérite d'être connue.

Vers 1817 ou 1818, je chassais à trois lieues de Paris et je m'égarai. Je fus arrêté par un garde qui m'apprit assez brutalement que j'étais sur les terres de M. le baron.... C'était un des cinq *restaurateurs* de 1814. M. le baron se promenait sur sa terrasse, au bout de son parc, avec M. le baron....., son collègue *restaurateur*, que je connaissais; je fis des excuses, et l'on me retint à dîner.

Pendant le dîner la conversation s'anima, le convive restaurateur dit au maître de la maison : « Cependant vous devez être content du rôle que je vous ai fait jouer dans ma relation du 30 mars, où je démontre jusqu'à l'évidence, que c'est nous seuls qui avons rétabli le trône des B.... » Il n'y a pas de quoi s'en vanter, répondit le brusque Amphytrion. Il est vrai de dire qu'il venait de quitter le ministère.

Encore un mot sur *Mutius Scœvola*. Quelques jours avant la révocation de l'Édit de Nantes, Fénélon écrivait :

---

d'oppression et de scandale, et de l'autre les tyrans et les roués; c'est toujours entre eux que se fait le trafic des mœurs et de la liberté : l'un les achète et l'autre les vend.

(223)

« Les jésuites de Morennes sont quatre têtes
» de fer qui ne parlent aux nouveaux convertis,
» pour ce monde, que d'amende et de prison;
» et pour l'autre, que du diable et de l'enfer. »
Ne dirait-on pas que nous sommes encore au
temps de Fénélon, et qu'il y ait quelque édit à
révoquer !

Je disais à *Mutius Scœvola* : « Mais vos folies
scolastiques troublent le repos des familles; elles
peuven tavoir des suites sanglantes. — Eh bien,
me dit froidement cet enfant de Loyola, *où
serait le mal, si Dieu jugeait à propos d'employer ce moyen pour faire triompher la religion?* »

Mutius abhorre les *jansénistes*; il m'a souvent dit : « Nous pouvons ramener et convertir
» le jacobin, le bonapartiste, le voluptueux,
» l'idolâtre même; mais ce monstre qu'on ap-
» pelle *jansénisme*, il faut joindre l'épée royale
» à celle de l'Église pour l'exterminer, et nous
» y parviendrons. » Ainsi, messieurs de *Jansénius*, garde à vous !

« Mais, disais-je à *Mutius*, vous rencontrerez
quelques vieux parlementaires, de ces hommes
graves, honnêtes, probes, qui se trouvent encore, *comme graine*, dans nos cours supérieures.
Nous les *abattrons*. »

Mutius au fond est un bon garçon ; il est sobre, patient, et ne manque pas d'une certaine élévation dans les idées. Je lui disais un jour : « La tolérance, la philosophie vous battront. — Taisez-vous, faiseur d'enfant, *matière*, me dit-il, depuis le jacobin Jacques-Clément, n'avez-vous pas vu Malagrida, Ravaillac, Damiens, Robespierre son neveu, les Jacobins. . . .? D..., C..., ces conspirateurs du *bord de l'eau*, furent d'anciens jacobins ; ce sont eux qui conduisent le pavillon. . . . . . du jésuitisme. Vous êtes un sot, me disait-il *d'amitié*, et je vous croyais de l'esprit ; quoi, vous dites que les Cévennes et la révocation de l'Édit de Nantes ne reparaîtront plus ! Patience : Nîmes, Usès, Avignon, les missionnaires et les Trestaillon vous ont donné le premier acte ; nous avons un Père-Lachaise, nous aurons. . . . . ; le temps qui est un grand faiseur . . . . — *Ignem veni mittere in terram,* lui répondis-je. — Oui, nous mettons le feu partout. — Mais, misérables que vous êtes, vous serez brûlés vous-mêmes. — Nous attisons, et voilà tout ; nous avons toujours une barque prête pour les grandes inondations ! Qu'importent les quantités dans l'espèce humaine ? c'est la qualité qu'il nous faut.

— » Ainsi donc, vieux jacobin qui vouliez détruire Jésus-Christ, ses apôtres et le St.-Siége, vous

voilà janissaire du Vatican. — Et pourquoi pas ?
nous avons échoué en 93, le Vatican l'emportera,
croyez-moi.

— » Comment puis-je vous croire, vous étiez
encore jacobin il y a un an, et vous voilà en froc ;
mais qu'êtes-vous donc ? êtes-vous prêtre sécu-
lier, prêtre régulier ; êtes-vous laïque, moine... ?
— Rien de tout cela.

» J'ai été tour-à-tour profès, coadjuteur spirituel, écolier approuvé, frère laïque, coadjuteur
temporel, novice, affilié, adjoint ou jésuite de
robe courte.—Où est votre général ? —A Rome.
— Comment s'appelle-t-il ? *Taddeo-Barro-
zowski*. Avant dix ans nous aurons recouvré
nos richesses et notre puissance.

—» Allez, *Mutius*, allez aiguiser le poignard
dont votre illustre compagnie s'est servie cinq
fois contre la reine Élisabeth d'Angleterre.

» Celui que le jésuite Varade mit entre les
mains de Barrière.

» N'oubliez pas que vous fûtes chassés de France,
en 1594, comme complices de Jean Châtel.

» Que votre P. Guignard et le P. Garnet se
noyèrent dans des fagots embrasés, au milieu de
la place de Grève, pour avoir fait l'apologie de
l'assassinat d'Henri IV.

» Qu'en 1598, votre compagnie corrompit un

scélérat, et l'envoya assassiner Maurice de Nas-
sau, ce qui la fit chasser des états de Hollande.

» Qu'en 1604, la clémence du cardinal Bor-
romée vous chassa du collége de Braide pour des
crimes *infâmes*.

» Qu'en 1605, les jésuites Oldecorn et Granet
furent suppliciés, comme auteurs de la conspiration des poudres.

» Qu'en 1610, votre Ravaillac assassina le
meilleur des rois ; et votre Mariana fit l'apologie
de ce crime.

» Qu'à la même époque, votre P. Alagon avait
proposé à Pierre Dujardin d'assassiner Henri IV,
en lui promettant 50,000 écus et le titre de grand
d'Espagne.

» Qu'en 1709, les jésuites détruisirent Port-
Royal, ouvrirent les tombeaux des morts, dis-
persèrent les os du grand Arnaud, de Pascal, de
Racine et de leurs pieux amis.

» Qu'en 1713, les jésuites firent fulminer la
bulle *Unigenitus*, dont le ridicule et l'absurdité furent soutenus par quatre-vingt mille let-
tres-de-cachet décernées contre les plus honnêtes
gens du royaume.

» Que la même année, le jésuite Jouvency,
dans une histoire de cette société, met au nombre
des martyrs les jésuites assassins ses confrères.

» Qu'en 1757, ils font assassiner Louis XV,

et que dans la même année un de leurs auteurs classiques publie la doctrine du meurtre des rois.

» Qu'en 1758, le roi de Portugal est assassiné par les jésuites Malagrida, Maltas et Alexandre.

» Qu'en 1762, deux arrêts rendus par le parlement de Paris, explicatifs des crimes les plus atroces et des griefs les plus forts contre les jésuites, les *bannissent du royaume irrévocablement, et sans aucun retour, sous quelque prétexte, dénomination ou forme que ce puisse être*. Le parlement entend garder et observer à perpétuité les dispositions du présent arrêt, comme un monument de sa fidélité à la religion et au Roi, à l'intérêt des bonnes mœurs, celui de l'enseignement public, au maintien du bon ordre et de la tranquillité publique.

» Qu'en 1764, un édit royal chassa les jésuites de France ; et qu'enfin les enfans de Loyola viennent, tout récemment, d'être expulsés de la Russie, pour quelque raison sans doute.

» Vous voyez bien, mon cher *Mutius*, que j'en sais trop long pour porter même une robe courte, quoique j'aie l'intime conviction que ce soit le meilleur moyen pour arriver à tout. Je ne pourrai jamais reconnaître comme bonnes et propres à gouverner les hommes et les états, les maximes des jésuites ; leur impudicité, le parjure, le faux témoignage, la prévarication des juges, le vol, l'homicide, la prostitution et le régicide ; je plains de tout mon cœur les rois qui croyent avoir besoin de pareils auxiliaires. Je ne sache pas que jamais Port-Royal et l'Université aient eu à rougir devant leurs élèves des doctrines et du nom de leurs écrivains, et je ne conçois pas par quelle fatalité on leur préfère les leçons d'Escobar et toute la morale jésuitique : qui vivra verra (1). »

____

(1) Après tout, ce n'est ni Dieu ni le christianisme qu'ils veulent faire régner, c'est leur compagnie, sous ces noms respectables.

Ils permettent aux grands d'avoir des maîtresses et de satisfaire leurs désirs, pourvu qu'ils marquent du zèle pour la religion et de l'attachement à ses pratiques extérieures, qui ne sont plus qu'un amusement quand les passions sont satisfaites.

L'abbé Boileau disait des jésuites : « Ce sont des gens » qui allongent le Symbole et accourcissent le Déca- » logue. »

Ils ont un assortiment complet pour satisfaire tous les goûts.

Si Bourdaloue, un peu sévère,
Nous dit : Craignez la volupté.
Escobar, lui dit-on, mon père,
Nous la permet pour la santé.

On disait de Bourdaloue, « que s'il surfaisait dans la » chaire, il rabattait dans le confessionnal. »

Des missionnaires jésuites prêchaient en Chine le christianisme à leur manière; d'autres missionnaires, moines et séculiers, en prêchaient un tout différent aux mêmes peuples; ils en vinrent aux mains : « *En vérité,* » *Messieurs,* leur dit l'empereur Chinois, *vous venez* » *bien loin pour vous égorger sur des opinions contra-* » *dictoires.* »

Lorsque l'empereur du Japon jugea à propos d'exterminer le christianisme de ses états, les jésuites y eurent leurs martyrs. L'un d'eux, qui ne croyait pas en Dieu, quoiqu'il eût vingt fois affronté la mort pour la religion qu'il prêchait, répondait à un ami qui lui représentait l'inconséquence de son zèle. « *Ah ! vous n'avez pas* » *d'idée du plaisir qu'on goûte à se faire écouter de vingt-* » *mille hommes, et à leur persuader ce qu'on ne croit* » *pas soi-même.* »

Les PP. Lachaise et Letellier, confesseurs de Louis XIV, furent chargés successivement de *la feuille des bénéfices.* Les évêques furent soumis, l'édit de Nantes révoqué, les séminaires envahis, toute la jeunesse de la cour attirée au collége de Clermont, dont les jésuites s'emparèrent, sous le titre de Louis-le-Grand. Enfin la compagnie de Jésus ne reconnut d'autre Dieu que le Roi.

Sustulit hinc Jesum, posuitque insignia regis.
Impia gens ; alium non habet illa Deum (a).

(a) Quel rapprochement et quel avenir!

A Rome, dans leur église de St. Ignace, ils ont fait représenter, aux quatre coins de la voûte, des sujets qui sont tous des assassinats : Jahel qui, poussée par l'esprit divin, enfonce un clou dans la tête de Sisara, à qui elle avait offert et donné l'hospitalité ; Judith coupe la tête à Holopherne, après l'avoir séduit et enivré ; Samson qui massacre les Philistins par ordre du Seigneur ; enfin David qui tue Goliath. Au haut de la coupole, St. Ignace, dans une gloire, lance des feux sur les quatre parties du monde, avec ces mots du Nouveau-Testament : *Ignum veni mittere in terram ; et quid volo nisi ut accendatur (a)?*

Les jésuites, en rentrant en France et en y ressaisissant le pouvoir, ont prouvé la vérité de cette maxime de l'Ecriture, « *que les enfans des ténèbres agissent* » *avec plus de prudence dans leurs affaires que les en-* » *fans de lumière.* »

Nos enfans de lumière sont aveugles, et moi-même je n'ai commencé à y voir un peu clair que lorsque, voyant des effets, j'ai cherché à en connaître les causes. La dernière scène du collége Louis-le-Grand ne m'étonne plus, c'est Mont-Rouge qui a *la feuille des bénéfices.*

Prions Dieu pour qu'il nous envoie un homme d'état, un philosophe, un magistrat éclairé et dégagé de tout esprit de haine et de parti, un La Chalotais, qui, dans sa marche franche et ferme, dise à son roi : « L'esprit » monastique est le fléau des états ; de tous ceux que » cet esprit anime, les jésuites sont les plus nuisibles, » parce qu'ils sont les plus puissans ; c'est donc par eux

(a) Je suis venu mettre le feu sur la terre : que puis-je désirer, sinon de le voir allumé ?

» qu'il faut commencer à secouer le joug de cette na-
» tion pernicieuse. »

Ductoresque ipsos primum, capita alta ferentes
Cornibus arboreis, sternit; tum vulgus, et omnem
Miscet agens telis nemora inter frondea turbam.

(*Enéide*, liv. 1.)

CHAPITRE XXI.

Ingenio manus est, et cervix cæsa nec unquam
Sanguine causidici maduerunt rostra pusilli.
(JUVÉNAL, sat. x.)

Combien il est digne d'envie, même dans sa
mort! combien il est grand encore, lorsqu'il présente sa tête au glaive de l'assassin!

LES CHAMBRES.

Qui de nous ne voudrait avoir prononcé les
Philippiques, dût sa langue un jour être, comme
celle de Cicéron, clouée sur la tribune aux harangues! L'amour que j'ai toujours eu pour la
belle éloquence, le souvenir des Mirabeau, des
Barnave, des Vergniaud et de quelques autres,
m'a conduit pendant trois ans aux tribunes de
la chambre; je ressemblais à ces extracteurs du
Nouveau-Monde, qui font encore fouiller la mine
après l'avoir épuisée.

Je vais procéder à l'inventaire du mobilier
qui, pendant ces trois années, m'a passé sous les
yeux, en m'écorchant souvent les oreilles. Faire
un inventaire, cela me rappelle mon ancien métier.

Il m'est arrivé bien souvent dans cette image

vivante, mais décolorée de nos anciennes assemblées, de retourner la belle pensée d'Hamlet: Mourir, c'est dormir.

Le célèbre *Euler*, en écrivant à la princesse Amélie de Prusse, lui annonçait la construction d'une machine propre à exprimer tous les sons de nos paroles, avec toutes les articulations; c'était une espèce d'orgue ou de clavecin pouvant prononcer des discours entiers ou des sermons, et les accompagnant avec la meilleure grâce. Pourquoi n'a-t-on pas dans ce siècle de lumières, perfectionné une si rare machine? pourquoi n'est-elle pas placée sur la tribune de la chambre, à la place du verre d'eau? Ne vaudrait-il pas mieux voir M. Puymaurin et compagnie tourner le bouton d'une vielle ou d'une orgue de Barbarie, et jouer leurs discours comme des organistes jouent un oratorio, que de les leur entendre prononcer à basse, nazillarde et non intelligible voix?

Allons, procédons.

Quatre véritables talens, quoique défectueux sous quelques rapports, ce sont: MM. Laîné, Benjamin-Constant, Deserre et le général Foy.

M. Laîné (1), chaleur d'âme et grandeur dans les images.

---

(1) Comme j'aurai occasion de parler de la loi des élections du 5 février, je dois dire qu'elle a été conçue

(234)

Constant, force, vaste érudition et d'immenses ressources.

Deserre, logique pressante, belle discussion et toujours le mot propre, qu'il a l'air de chercher, et qu'il trouve avec un rare bonheur.

Foy, un beau foyer, de beaux souvenirs et toujours sur la brèche.

Des talens spéciaux !

Quelques espèces de talens.

L'un, avec de bonnes intentions, compare les

---

par M. Molé, et que l'idée de la concentration au chef-lieu du département, appartient à M. Royer-Collard, qui, ce jour-là, faisait de la bonne métaphysique. Le rapprochement entre M. Molé et M. Laîné paraîtra difficile à croire, d'après ce qui s'était passé en 1813 : mais le fait est vrai, je l'ai vu : M. Laîné ne boude plus lorsqu'on lui présente une idée généreuse.

Je ne crois pas avoir rien lu ou entendu qui ait fait sur moi une impression plus suave, que l'opinion improvisée de M. Laîné sur les réfugiés espagnols. Qu'on se reporte à l'époque.

Je ne crois pas avoir rien entendu de plus faible que son opinion sur la chartreuse des bannis.

Au temps de la chambre muette, je disais à M. Larigaudie, que le silence ennuyait, quoiqu'il l'interrompe rarement : « Si on vous rend la parole, ce qui arrivera parce que vous tenez les cordons de la bourse, vous avez un homme parmi vous qui ira loin, si on le place sur le terrain de la vérité. »

révolutions de France et d'Angleterre, sans consulter les temps, les lieux, les progrès de la civilisation, la différence de caractère dans l'humeur des peuples, et surtout dans les causes de
leurs révolutions. Moi qui ne m'en laisse pas imposer par de grandes phrases, je vais lui citer un
fait entre mille autres. Le parlement d'Angleterre
força la reine Anne de mettre à prix la tête de
son propre frère, le chevalier de Saint-Georges;
elle le fit, et fixa le prix à 4,000 livres sterling;
le parlement porta cette somme à 80,000 livres
sterling. Trouvez de pareils traits, de la part de
la Convention, contre les princes proscrits de la
maison de Bourbon.

L'autre, tribun spirituel et patriote, voit des
licteurs prêts à faire voler sa tête, dans un moment où il n'avait à craindre qu'un bon repas et
toutes les jouissances de la vie.

Celui-ci veut de la métaphysique jusque dans
des rôles de contributions; il remonte à l'origine
des choses, cherche à fixer l'absolu dans les opinions humaines, tandis qu'il n'existe que dans la
pensée de Dieu.

Celui-là a bien quelque talent, de la franchise, de la pureté d'âme, mais il ne se possède
pas, tout en ayant l'air de se posséder; il *procu-
rasse* lorsqu'il devrait s'élever; s'il lance un mot
vigoureux, il n'en mesure pas toute la portée.
Mirabeau n'avait pas besoin de commentaires

pour convaincre ses auditeurs ; dans sa bouche, comme sous la plume de Boileau, un chat était un chat, et Rollet un fripon ; mais avant de lâcher le mot il avait mesuré son opportunité. Démosthènes parlait à des Athéniens ; s'il eût prononcé ses Philippiques devant les peuples de Darius, ils ne l'eussent pas entendu. Il ne suffit pas de singer les grands maîtres et de faire grimacer leurs nobles figures, il faut les imiter, et cela n'est pas facile.

> . . . . *Nihil est,*
> *Quin male narrando possit depravarier.*
> (TÉRENCE, *Phormion,* act. IV, sc. IV.)

Un homme d'esprit, et de beaucoup d'esprit, qui n'est pas assez persuadé qu'une belle phrase académique n'est pas de l'éloquence de tribune, *non erat hic locus.*

Un petit grand personnage, qui a du vitriol dans les muscles, qui court, crie, trépigne beaucoup plus qu'il ne faisait dans l'antichambre de Bonaparte, où il ne proférait jamais que trois paroles, *ma tante la gouvernante;* M. de Villèle vient de l'exiler à la chambre des pairs ? On ne dira pas de celui-là : qu'on l'a fait pair pour lui ôter la parole.

Quelques véritables patriotes, mais en petit nombre.

Des faquins, encore couverts de la livrée de

Napoléon, qui ne rougissent pas de l'insulter dans leurs plates harangues, comme si la boue qu'ils vomissent pouvait salir ce demi-dieu.

Un fripon déhonté, dont l'accent lugubre serait mieux placé dans un bagne qu'à la tribune nationale; un ancien sicaire, valet de Bonaparte; un traître qui ne s'est glissé dans la restauration que pour y jouer le rôle de liquidateur, et dont les rapines scandaleuses ont fait un forcené.

Des bavards, des phrasiers d'autant moins estimables qu'on voit, à chaque mot, qu'ils parlent contre leur pensée. Il n'y a pas un mot dans tout ce fatras qui s'adresse à l'âme; et où le prendraient-ils? Dans la leur. Est-ce que des courtisans peuvent en avoir une? Quand ces âmes viles ne mentent point, elles ne sont qu'à moitié satisfaites. Ils ont la sagesse des serpens, c'est-à-dire que leurs traits ne tombent que sur des personnes qu'on peut attaquer sans autres dangers que celui du mépris, qui retombe sur l'assaillant... Je ne sais pourquoi je me fâche..., et encore contre des laquais que je n'estime pas, et qui devraient par conséquent m'être bien indifférens.

Le reste ne vaut pas l'honneur d'être nommé. De grandes ambitions et de minces talens, des discours de pacotille; de la rivalité, de la jalousie au lieu de mérite; toutes les passions compagnes habituelles de la médiocrité, et le sentiment d'envie ombrageuse contre un mérite supérieur (*a*).

Dont acte, fait et passé, etc.

Quand j'écrivais ce chapitre sur les chambres, j'étais loin de me douter que le hasard me fournirait bientôt l'occasion d'apercevoir la cause de notre pauvreté représentative (1). Je vais donner mot à mot la conversation que j'ai entendue chez un ancien avocat, dans une ville de province, chef-lieu de département, le 17 février 1824.

L'ancien avocat et moi gardions le plus profond silence.

Les interlocuteurs étaient:

Un notaire, deux avocats, un avoué, un commissaire-priseur, un huissier, un chef de bataillon en retraite, un marchand de draps, et un jeune avocat, grand fonctionnaire public, qui se trouvait là en passant.

------

(1) Sitôt que les citoyens aiment mieux servir l'État de leur bourse que de leur personne, l'État touche à sa ruine. A force de paresse et d'argent, on a des soldats qui servent mal la patrie, et des représentans qui la vendent. Donnez de l'argent, et bientôt vous aurez des fers. A Rome, le mot *finance* n'était prononcé que par les esclaves. Sitôt qu'on dit des affaires de l'État *que m'importe?* l'État est perdu. Où le droit et la liberté sont quelque chose, les inconvéniens ne sont rien.

Le grand fonctionnaire. « Mes amis, mes chers camarades, vous devez être enchantés de l'accueil paternel que vous avez reçu de M. le Préfet, hier en dînant chez lui ; c'est un digne homme, qui vous apprécie, et qui m'a paru bien persuadé qu'enfin vous marcheriez tous dans la bonne route. Je l'ai confirmé dans cette bonne opinion qu'il a de vous, et je lui ai donné ma parole que vous voteriez tous pour M. le vicomte... »

Les deux avocats à-la-fois. « Nous vous savons bon gré d'avoir ainsi parlé de nous ; mais M. le Préfet savait d'avance que nos voix lui étaient acquises (1).

---

(1) J'ai entendu, dans la nuit du mardi gras au mercredi des cendres, au café où s'arrêtent les diligences, à ...., un jeune homme, employé de la préfecture, neveu d'un conseiller ami du préfet. Ce jeune homme était dans un état d'ivresse complet ; il vint apostropher grossièrement un ecclésiastique qui voyageait avec moi ; je lui imposai silence, et la maîtresse du café lui fit des remontrances sur son état d'ivresse et sur la dépense inconsidérée qu'il faisait. Il lui répondit : « Je m'en f..... d...... s.....; mon préfet m'a donné ce matin 300 francs de gratification, pour avoir ôté *quatre centimes* aux libéraux, et remplacé leurs noms par ceux de royalistes bien connus. » *In vino veritas.*

Il y avait dans le café la maîtresse de la maison, sa sœur, trois bourgeois connus, plusieurs grenadiers à cheval ; l'ecclésiastique ; trois autres voyageurs et moi.

Le notaire. — Oui !

L'avoué. — Oui !

Le commissaire - priseur. — Acquises, bien trouvé ; M. le Préfet m'a fait une confidence pour exciter mon zèle ? C'était bien inutile.

L'huissier. — Ni oui, ni non.

Le marchand. — Messieurs, vous souvient-il qu'en 1815 notre ville et les monumens précieux qu'elle renferme allaient être brûlés par les Prussiens, lorsque M...., notre maire et notre député, sortant, vint se dévouer au-devant de ces vandales, et sauva nos jours, notre ville, nos femmes, nos enfans, en hasardant mille fois sa propre vie ?

Tous. — Oui.

— Le reconnaissez-vous pour honnête homme, pour bon royaliste, père des pauvres, votre ami, votre camarade ?

Tous. — Oui.

— Croyez - vous qu'il s'élève contre lui une seule voix accusatrice dans tout le département ?

Tous. — Non.

— Eh bien ! si cela est ainsi, pourquoi ne le renommerions - nous pas député ? Il vaut bien M. le vicomte, à tous égard, même sous le rapport de la fortune. »

Profond silence.

Le commissaire-priseur. « Je suis loin d'at-

taquer les vertus de notre respectable maire, ni
la reconnaissance que nous lui devons tous; mais
M. le préfet perdra sa préfecture si M. le vicomte.... n'est pas nommé: c'est lui qui me l'a dit.

L'ancien militaire. — C'est-à-dire que la préfecture fait vendre plus de guenilles que la mairie, et que le changement du préfet pourrait entraîner le changement du commissaire-priseur?

Le notaire, les deux avocats et l'avoué. — Colonel, vous avez tort, M. le préfet nous a fait
la même confidence, et nous vous l'affirmons,
nous qui ne vendons pas de guenilles.

L'ancien militaire — L'appui que vous prêtez
si gratuitement à M. le *priseur* ne prouve rien;
car si M. le préfet ne vous emploie pas à la vente
des guenilles, il vous emploie dans les diverses
professions que vous exercez, et ma remarque
subsiste. A vous, M. l'avocat J...., j'ai la preuve
que la croix d'honneur est promise à votre père,
si ses collègues les fermiers, électeurs, votent
pour le vicomte. C'est vous qui conduisez cette
louable intrigue..... Des fermiers voter pour un
vicomte! n'est-ce pas des agneaux qui nomme-
raient un loup pour les représenter?

Quant à toi, mon pauvre Tabellion, je ne
te reconnais plus, vieux officier de l'armée de
Sambre-et-Meuse, patriote incorruptible; te

voilà ventru, et bientôt garde-note titré de M. le viconite.

Le notaire. — Mon cher colonel, mon ancien ami, ton apostrophe me peine beaucoup, je ne mérite pas les reproches que tu me fais; et si tu veux bien m'écouter, je vais tâcher de me justifier à tes yeux; je tiens beaucoup à conserver ton estime (1).

Nous étions tous deux volontaires à l'armée de Sambre-et-Meuse, et nous nous battions pour la liberté (2); tu crus l'apercevoir sous le drapeau de l'usurpation, et tu restas militaire; moi, je n'eus pas le bonheur de l'y voir, je pris ma retraite peu de jours après Marengo. Quoique je me fusse assez distingué pendant toute la première campagne d'Italie, je n'ai obtenu ni pension ni décoration. Je quittai l'épaulette et je me fis *saute-ruisseau* ; je suis notaire, je jouis de l'estime de mes concitoyens, et j'ai six enfans.

La Charte (3) réalisa mon rêve ; j'aime la

______

(1) Les gens à bonnes intentions sont ordinairement si gauches et malheureux si constamment, qu'ils feraient naître l'envie d'essayer ceux qui en ont de mauvaises.

(2) *Insuevit pater optimus hoc me.* (Hor., sat. iv.)

(3) Les charlatans du Japon dépècent, dit-on, un enfant aux yeux des spectateurs ; puis jetant en l'air tous

liberté, je la prends où je la trouve : la Charte
me l'offrit, je ne pensai plus qu'aux contrepoids
nécessaires pour la maintenir.

J'ai voté quatre fois pour ces contrepoids, ce
qui m'a fait beaucoup de tort dans l'exercice de
ma profession ; car tu sais comme moi que tous
mes cliens ne sont pas patriotes. Voyons un peu
ce que ces contrepoids ont fait pour maintenir
l'objet de mes sacrifices.

L'ordonnance du 5 septembre fut un bienfait ;
l'opposition s'en fit une arme contre le trône ;
ses journaux, ses pamphlets ne demandaient que
les deux dernières séries pour..... Le ministère
Saint-Cyr était patriote ; l'opposition l'abreuva
d'amertume ; le trône fut effrayé ; l'aristocratie
en profita habilement pour aller chercher, à

ses membres l'un après l'autre, ils font retomber l'enfant vivant et tout rassemblé. Tels sont à-peu-près les
tours de gobelets de nos ministres à l'égard de la Charte;
après avoir démembré le corps social par un prestige
digne de la foire, ils viennent nous dire que rien n'est
changé, et nous sommes des factieux parce que nous
avons vu agir la gibecière. Nous avons devant nos
yeux des petits brouillons, de grands fripons, des
petits intrigans et de bien petits talens qui, parvenus
aux places, n'y arrivent que pour montrer leur ineptie,
et il faudra nous taire !

16..

Aix-la-Chapelle, une *invitation*, appuyée d'un million de baïonnettes.

La loi du 5 février était nationale, l'opposition avait force suffisante pour la maintenir ; Paris prouva qu'il en sentait l'importance. Cinq libéraux se vendirent (*aurum per medios ire satellites.* Hor.) (1), et quelques autres s'accrochèrent à l'amendement de Boin, qui était plus aristocratique que la loi proposée. Le point d'appui manquant dans les chambres, le dehors devait être battu ; aussi Paris fut-il sabré huit jours de suite.

Je ne te parle pas des ventes particlles, des opinions imprudentes, indécentes même, des divagations, de la mésintelligence et des amours-propres (2) du côté gauche, je vois seulement que ce sont leurs manœuvres qui ont mis le pouvoir où il est ; c'est la morale de l'intérêt personnel qui porte ses fruits. Cette morale peut être louable, sous quelques rapports, dans les affaires privées ; mais une opposition parlementaire a d'autres intérêts que ceux des individus : l'affaire nationale, l'intérêt constitutionnel, voilà

---

(1) L'or vient à bout de tout.

(2) *Ob naturalem fastus inclinationem.*

Pour satisfaire l'inclination qu'on a à la vanité.

son devoir, son but, sa mission ; elle doit savoir immoler à de si graves intérêts jusqu'à ses affections personnelles. Dans les évolutions maritimes on jette à la mer l'homme blessé, l'homme malheureux, et il ne s'agit cependant que du salut d'un seul vaisseau ; pourquoi n'a-t-on pas jeté à la mer deux ou trois hommes qui gênaient les mouvemens de l'équipage de la patrie ; des hommes qui, depuis trente ans, n'ont qu'une vertu négative, qui ne parlent que pour se compromettre et compromettre la chose publique avec eux ? et tu veux que je donne ma voix à des hommes qui m'ont trompé ?

L'ancien militaire. — Ainsi donc te voilà pour le vicomte et pour les priviléges.

Le notaire. — Pour le vicomte...., c'est mon secret ; et quant aux priviléges, s'il pouvait en être sérieusement question, je remettrais la main à la pâte, et j'y pousserais mes cinq garçons. Calme-toi, colonel, l'ancienne opposition fera des pertes, au nombre desquelles il en est qui la fortifieront plutôt qu'elles ne l'affaibliront. Ce n'est pas le nombre des suffrages, mais bien leur qualité dont j'ai besoin ; le mieux idéal n'appartient pas à notre faible nature : *nihil est ab omni parte beatum.* (Hor.) Cherchons à tirer le meilleur parti des faits, des événemens et des hommes tels qu'ils sont. Ne désespère pas pour

la patrie de toute institution et de toute liberté.
Je vois d'ici ton impatience, et je serais trop
heureux d'en être quitte avec toi pour le titre
d'optimiste politique ; mais pour être moins
active que la tienne, ma foi n'en est pas moins
sincère ; je fais de l'opposition à ma manière.
Voici mon secret.

Je jette tous les jours dans le cœur de mes
enfans quelques-unes de ces étincelles qui firent
bouillonner mon âme à l'aurore de notre révolution. Comme les gondoliers de Venise, que
nous entendions chanter en barcaroles les beaux
vers du Tasse et de Pétrarque, je leur apprends
ces accens de la liberté qui nous montrèrent
jadis le chemin de la victoire ; je leur parle sans
cesse des grands hommes de notre Assemblée
constituante, de la justice de la cause qu'ils dé-
fendirent avec tant de courage et d'éloquence ;
je mets sous leurs yeux les crimes féodaux, la
longue servitude de leurs aïeux, et les crimes
de l'intolérance religieuse.

. . . . *Sæpius olim*
Religio peperit scelerosa atque impia facta.

(Lucrèce, liv. i.)

Si je leur parle de piété, Fénélon est là ; je
fais ressortir la touchante sublimité de son caractère, et la comparant avec le dévergondage

de quelques missionnaires, je leur prouve facilement qu'il ne suffit pas de porter une soutane pour avoir droit au respect des hommes.

L'hypocrisie, le faux zèle, les dehors plâtrés d'une fausse piété, les honneurs (1) et l'infamie qui se rencontrent si souvent dans le même personnage, sont autant de textes pour les petits discours que je leur fais. Ah! mon ami, si le quart seulement des ennemis du privilége en faisaient autant, nous pourrions laisser impunément manœuvrer les jésuites à longue et courte robe. Laissons de côté les vieilles réputations, entourons-les de nos hommages, de nos respects même, mais qu'ils ne mettent plus la main au timon de nos affaires; profitons de quarante ans d'expérience, c'est plus qu'il n'en faut pour user même un grand homme; songeons surtout que tous les rescifs ne sont pas en pleine mer, et que tous les *Chaumareix* ne sont pas sur la *Méduse*. *Væ cæcis ducentibus! væ cæcis sequentibus !* (St. Aug. (2). Je ne demande, moi, que la présence du général Foy dans la chambre, pour ar-

---

(1) *Ex injustitia et notorio delicto.*

Gagnés par des crimes connus de tout le monde.

(2) Malheur aux aveugles qui conduisent, malheur aux aveugles qui sont conduits !

rêter les projets liberticides de nos vieux incurables : la voix d'un seul patriote suffira.

Le grand fonctionnaire. — Tais - toi, mon
ami, avec ton mot patriote; tu ne sais donc pas
que patriote et *cornichon* sont synonymes (1).

Le militaire — Halte-là, faquin, je vais faire
ici ton histoire, pour prouver qu'un cornichon
gâté vaudrait encore mieux que toi.

Ton père n'eut qu'un moment d'erreur, et une
erreur n'est pas un crime.

A l'aide de Cambacérès, tu te glissas secrétaire dans quelque ambassade pour éviter le feu.

Tu te fis baladin et mauvais roué.

Des danseuses, des comédiennes, obtinrent de
ta part des reconnaissances de paternité, pour
les chastes fruits de leurs nombreux ébats.

Tu fis de mauvais vaudevilles, quelques mé-
chantes comédies.

Tu chantas les Anglais sur les débris de ta
patrie.

Tu prostituas la toge en insultant une grande
victime......

Je t'ai vu bonapartiste.

Je t'ai vu faire le demi-tour, et revirer encore.
Tu es homme d'esprit, mais de l'esprit à l'instar

---

(1) Je rapporte l'expression technique, cinq témoins
en déposeraient au besoin.

de l'abbé Dubois, et si on fouillait bien dans nos vieilles archives, on trouverait peut-être quelque *consanguinité* entre vos deux familles.

Tu arriveras plus haut, en passant sur le corps de tes protecteurs ; tu l'aurais déjà fait, c'est l'occasion seule qui a manqué.

Tu. . . . . . .; les gros mots arrivèrent, on se sépara au moment où le marchand de draps disait :

« Messieurs, je ne plierai jamais mon déjeuner dans la serviette d'un vicomte (1). »

Je ne croyais pas que le ministère pût avoir besoin d'une aussi grande dose d'aristocratie que celle qu'il vient d'obtenir dans les élections ; ses agens n'auraient-ils pas mis un peu trop de morphine dans ce remède (2) ? Richelieu et Napoléon entendaient mieux la France que les généraux de

---

(1) Je donnerai, dans un autre livre, une conversation électorale entre M. Elie de Périgord, fils du prince de Chalais, M. le comte de Chabannais et quatre autres grands électeurs ; si celle-là ne fait pas tomber les cataractes qui couvrent tant d'yeux, il n'y a plus de remède, j'y perds mon latin.

(2) Montaigne a dit de Plutarque et de Sénèque : *L'un nous conduit et l'autre nous pousse* ; je vois bien qu'on nous conduit et qu'on nous pousse, mais ce n'est pas dans le sens que l'entendait Montaigne.

nos batailles électorales; leur force, pour être quelquefois accompagnée de la ruse, n'était pas scandaleuse; ils ne venaient pas dire publiquement : « Nous jouons carte sur table, » au moment où ils faisaient sauter la coupe.

On donne beaucoup, on promet bien plus encore; mais qui donna plus que Napoléon, et quel homme trouva plus d'illustres ingrats? La ruse amène la ruse; les leçons d'Escobar, qui vont être bientôt à la portée de tout le monde, la fortifieront. Souvenez-vous, Messieurs, du pouvoir de la chatte déguisée en fille , que notre *bonhomme* fait sauter sur la souris à la première occasion. Je vois autour de vous bien des chattes déguisées.

Par les choses qu'ils voient, les ministres jugent des choses très différentes qu'ils ne voient pas; ils attribuent aux hommes un penchant naturel à la servitude, par la patience avec laquelle ceux qu'ils ont à leur service supportent la leur; ils ne songent pas qu'il en est de la liberté comme de l'innocence et de la vertu, dont on ne sent le prix qu'autant qu'on en jouit soi-même. Ce n'est point par l'avilissement de l'homme asservi qu'il faut juger les dispositions de l'homme qui abhorre la servitude, mais bien par les prodiges qu'ont faits tous les peuples libres pour se garantir de l'oppression. En général, les esclaves raisonnent mal la liberté (1).

------

(1) A Gênes on lit au-devant des prisons, et sur les fers des galériens, ce mot : *libertas*. C'est par dérision sans doute.

CHAPITRE XXII.

Le tombeau contre vous ne peut-il les défendre,
Et qu'ont fait tant d'auteurs pour remuer leur cendre ?
Que vous ont fait Perrin, Bardin, Pradon, Hainaut,
Colletet, Pelletier, Triteville, Quinaut,
Dont les noms en cent lieux, placés comme en leurs niches,
Vont de vos vers malins remplir les hémistiches ?
Ce qu'ils font vous ennuye. O le plaisant détour !
Ils ont bien ennuyé le roi. . . . .

(Boileau, sat. IX.)

Ce n'est point le souvenir de Boileau, ni l'envie de médire, qui me dicte ce chapitre, c'est tout bonnement l'ennui. J'ai eu le malheur de lire tout ce que la presse a mis au jour dans ces derniers temps, et je n'y ai pas trouvé une page, une seule page (1) digne de passer à la postérité, excepté la belle campagne d'Italie, où Napoléon nous a montré qu'il savait manier la plume de Polybe aussi bien que l'épée d'Alexandre. Piron avait raison : « *ce qui vicie abonde ;* » et je serais

---

(1) Oh ! qu'une page pleine dans les livres est rare, et que peu de gens sont capables d'en écrire dix sans sottises !

dégoûté pour jamais de toute espèce de lecture française, si Pascal, Boileau, Racine, le grand Bossuet et tant d'autres, n'étaient là.

Mais qu'avons-nous fait à ces infernaux producteurs de volumes? à ces insolens et insatiables fripiers du Parnasse? à ces diseurs de riens? Eh quoi! la littérature française en serait-elle réduite à ce terme de stérilité, que de longues et fastidieuses compilations, des traductions, des hermites, des poëmes en prose, des prisonniers de Ste.-Pélagie, des romans historiques, des biographies où tout trouve sa place, même un cordonnier, seraient des chefs-d'œuvre (1)? et les journaux exaltent de pareilles infirmités! Détestables flatteurs, coteries exécrables, déplorable esprit de parti, voilà tes résultats!

J'ai rencontré fréquemment dans diverses villes de Province, aux tables d'hôte et aux foyers des théâtres particulièrement, une nouvelle espèce de missionnaires : ce sont des hommes de vingt-huit à trente-quatre ans, trop instruits, trop bien élevés, et trop généreux même pour n'être que de simples voyageurs de librairie : leur langage est uniforme; un enthousiasme de commande, *un plat de leur goût dans tous les repas*, et toujours le mot *rationnel* à la bouche.

---

(1) On manque de loisir pour modifier et faire court.

J'étais arrivé à l'âge de quarante-deux ans sans avoir vu un seul mélodrame. Me trouvant à Liége, dans le mois de janvier dernier, je fis de nécessité vertu, et j'allai voir *les Machabées*. J'avais à côté de moi un homme poli et très instruit, qui me voyant frissonner d'indignation au moment où la hache du bourreau fait tomber la tête du dernier des Machabées, me dit en souriant : « Monsieur est pour la vieille école ? — Oui, Monsieur, pour la vieille école française, et même pour Sénèque et Euripide. — Cependant le goût du public, qui n'est pas équivoque, devrait vous faire réfléchir sur vos vieilles préventions ? — Êtes-vous Français, lui demandai-je ? — Oui, et *grand électeur* de Seine-et-Marne. — En ce cas, causons un peu. »

Moi. — Je vous ai deviné ; vous êtes un disciple de Coppet : vous l'êtes en littérature, vous l'êtes en politique. Depuis deux jours, je vous écoute à la table où nous mangeons ensemble ; vous brodez avec beaucoup d'esprit de grandes platitudes ; je n'ai pas pris la parole parce que je voulais vous observer ; mais, je vous en avertis, ne recommencez pas demain, je vous écraserais. Mettre sous les pieds, Corneille, Racine, Molière, et toute la bonne littérature française ; se faire le missionnaire des muses nébuleuses de la Germanie, et cela par esprit de parti !

Le grand électeur. — *Polyeucte* est une tragédie romantique; *Roméo et Juliette, le roi Léar,* tout Shakespeare est romantique; Milton, Klopstock, Schiller, Wielland, etc., sont romantiques; M. C. . . . . est romantique. D'ailleurs la question n'est plus douteuse; les traductions de MM. de Barante et Guizot mettent les pièces du procès sous les yeux de tout le monde, et l'empressement du public prouve que les mélodrames, même mauvais, valent mieux que Sédaine et Marivaux.

Moi. — Je nie le fait; Sédaine est un homme d'esprit, un bon observateur et le héros du mélodrame, l'Alexandre du romantisme. V. . . . : D. . . . . . n'est qu'un sot. Il est bien plus aisé d'être outré que d'être simple ; d'imaginer des mœurs et des événemens romanesques, que de trouver des événemens vrais, et de peindre les mœurs telles qu'elles sont, d'une manière intéressante; c'est que ces touches de mœurs, qui supposent dans le poète un goût exquis, qui exigent de lui une justesse extrême, sont seules capables de donner de la couleur et de la physionomie à ses personnages, et qu'il ne faut pas croire, parce que les petits drames de Sédaine ont un air simple et facile, qu'il soit aisé d'en faire de pareils. Vos mélodrames et vos traductions nous reportent à l'enfance de l'art. Le grand art de

Marivaux était de faire de l'esprit avec du sentiment, et du sentiment avec de l'esprit: je n'ai
point encore aperçu ce défaut dans les mélodrames. C'est ici que ressort la bonté des grands
principes posés par Horace, soutenus par Quin-
tilien, reproduits par Boileau; il faut du talent
pour faire un ouvrage médiocre dans la ligne du
vrai; il ne faut qu'absurdité, extravagance et médiocrité, pour plaire dans la ligne germanique.
Je ne prétends pas dire que le Corneille anglais
et Schiller fussent sans génie, qu'ils n'aient pas
fait de belles ébauches, mais ils n'ont pas fait
Cinna, *Athalie*, *le Misantrope*. Le génie produit
des monstres quand un frein salutaire ne le dirige pas, et ce frein n'est autre chose que les éternelles règles de l'art et du goût. Avez-vous compris Klopstoch et sa *Messiade?* Milton est-il
toujours intelligible? Ce que je comprends bien,
moi qui ne suis pas romantique, c'est l'*École du
scandale* de Shéridan.

Le grand électeur. — Ah! ne me parlez pas
de Shéridan, il n'a fait que des fautes en politique comme en littérature; ce sont ses harangues
qui ont renforcé le pouvoir de l'aristocratie anglaise. L'Angleterre n'a produit que deux hommes:
Thomas Payne et Whasington; ceux-là ont su
faire de la bonne besogne.

Moi. — Vous montrez le bout de l'oreille,

Monsieur de la doctrine, et, comme vos illustres maîtres, vous oubliez qu'un principe peut être bon à Philadelphie, et impraticable sur le vieux sol britannique. Mais qu'ont-ils fait, ces messieurs du *canapé*, avec leur mot *rationnel*? Qu'ont-ils produit? ils ont cependant eu le pouvoir; l'un, involontairement sans doute, a préparé aux enfans de Loyola l'envahissement de l'instruction publique; l'autre a destitué tout ce qu'il y avait de patriotes dans les administrations; l'autre...... *rideam vanitatem an exprobrem cæcitatem* (1)? (TERTUL.)

Le grand électeur. — Ce qu'ils ont fait? ils ont accepté des places sous Bonaparte, pour le trahir; ils ont préparé sa chute, et l'ont secondée de tout leur pouvoir. Les Bourbons les ont trompés; mais patience, nous ne manquons pas de longanimité, le temps est à nous; en attendant mieux, nous faisons une révolution littéraire; la jeunesse nous écoute, et le peuple applaudit.

Moi. — Ainsi, après avoir favorisé l'invasion de la France, la destruction de ses monumens par les enfans du Nord, vous favorisez l'envahissement de son Parnasse par les muses de la Baltique. Vous ne pardonnez pas à la race de vos

______

(1) Faut-il rire de leur folie, ou déplorer leur aveuglement?

17

rois, d'avoir heureusement échappé au gouffre où pouvaient la plonger vos sophismes; tous les moyens vous paraissent bons pour arriver à l'accomplissement de vos désirs. Périsse la France plutôt qu'un principe, voilà le fonds de votre doctrine...... Brisons-là, Monsieur, nous irions trop loin.

J'affirme la sincérité de ce dialogue; je n'ai pas altéré une seule parole. Je serais fâché que M. Royer-Collard vît une injure dans mes remarques; je suis loin de le confondre avec les brouillons que j'attaque; je respecte sa personne, j'admire son talent, j'honore son noble caractère, je crois seulement qu'il s'est trompé. Il est homme.

J'ai cependant aperçu un beau talent au milieu de cette tourbe de cupides et soporifiques auteurs. Je parle de l'*École des Vieillards*; non que la pièce soit parfaite; une exception, une sur mille, comme le dit Bonnard, ne saurait constituer un travers digne de figurer à côté du *Misantrope*, du *Joueur*, même de *Turcaret*; mais il y a de belles formes dans cette ébauche. C'est la bonne route, et je n'ai pris la plume que pour dire : « Courage, jeune homme. »

Oui, mais la coterie, mais cette foule de crieurs publics, cette crainte de toucher aux vices et aux travers de son parti, parce qu'on craindrait de manquer à la reconnaissance. Jeune homme, ils

vous tueront, déjà vos dernières *Messéniennes*
ont pâli (1).

---

(1) Veut-on d'autres preuves de l'influence funeste
qu'exerce l'esprit de coterie?

M. de Lamartine, jeune poète, dont les vers n'ont
peut-être d'autre tort que celui d'être arrivés cent cinquante ans trop tard, écrit à M. Delavigne pour le remercier de l'envoi de sa comédie des *Vieillards*, et
comme s'il tremblait d'avance des reproches que doit
lui adresser la coterie des bonnes-lettres, il insulte la
liberté, à propos de botte, et la confond avec l'anarchie!
Que me répondrait la lyre, souvent harmonieuse, de
l'auteur des *Méditations*, si je m'avisais d'insulter le
culte et la divine morale du Dieu de ses pères et des
miens, par cela seul qu'un légat de Rome présidait aux
massacres des Albigeois, et qu'il faisait égorger indistinctement, en disant : « Tuez toujours, Dieu distin-
» guera ses fidèles? »

M. de Lamartine ignorerait-il que les plus belles institutions, divines et humaines, ont pris naissance dans
le sang des peuples, et que les eaux les plus limpides
de nos fleuves furent fangeuses à leur source; ce qui ne
nous empêche pas de les boire.

L'abbé Lemonier vint à bout de persuader au chanteur
Le Gros, qu'en se laissant limer la luette, il parviendrait
à rendre sa voix plus douce et plus harmonieuse.

Je voudrais pouvoir persuader à M. de Lamartine
qu'en curant lui-même le coin de son cerveau, il en
ferait sortir quelques préjugés qui font tache dans ses
ouvrages.

17..

Mais d'après vous, me dira-t-on, il faudrait donc passer dans le parti contraire; car à Paris

---

La médiocrité seule doit recourir à l'appui nazillard du *club* des Bonnes-Lettres; que M. Lacretelle jeune y professe l'art d'arranger les idées courantes avec un peu d'ordre et une certaine pureté, de ces idées qu'on peut prendre par poignées et les arracher de sa tête sans qu'il en coûte un atôme de sa propre substance; c'est convenable, et c'est la boutique qui va le mieux à sa taille.

Que M. C........ y vante la sagesse dans le caractère, c'est une qualité qu'il est très facile d'acquérir; mais elle sera toujours la compagne fidèle de la nullité; car il n'y a qu'à ne s'affecter de rien, être de la plus belle indifférence pour le bien et le mal public et particulier, louer volontiers tout ce que fait le pouvoir, et ne jamais rien blâmer, s'appliquer à ses intérêts, mais sans affiche, et l'on a bientôt la réputation d'un homme sage. Ces qualités suffiraient au besoin pour constituer un sot, un égoïste; un poète, non.—Mais qu'est-il sorti, littérairement parlant, de cette *pauvre* société? Des *pauvretés*. Je n'en ai retenu ni une phrase ni un vers : quand les mauvaises herbes dominent dans un champ, il ne faut pas trier, il faut y mettre le feu.

Je connais un homme qui s'est réfugié dans ce *basacle* (a), et auquel j'ai vu jouer plus d'un rôle depuis vingt ans; il a l'air faux, et de sa vie il ne lui est arrivé

(a) Grand moulin à Toulouse qui n'est desservi que par des rossignols d'Arcadie.

par le malheureux temps où nous vivons, pas de couleur politique, pas de talent en vogue.

Non, car vous ne trouveriez dans cet autre bord que des Vadius, des Trissotins aussi sots, aussi ridicules, plus intéressés et moins savans que leurs illustres devanciers.

Mais que faire ? vous isoler ; tremper vos pinceaux dans l'un et l'autre parti ; saisir les ridicules partout où vous les trouverez ; rendre tributaires de votre génie les sots, les cafards et les fripons de votre âge. Si Regnard eut la malice, car il ne fallait pas autre chose dans son temps, de faire sauter les marquis, faites sauter les barons de nouvelle fabrique ; la mine est féconde, elle est neuve, ayez le courage de l'exploiter, et de grands succès vous attendent ! Faites mentir Térence...... *Non fit sine periculo facinus, magnum et memorabile.* (Terence, *Heauton,* acte ii.)

de regarder quelqu'un en face ; il parle toujours les yeux baissés, ou en regardant de côté ; c'est, à mon avis, un des plus fâcheux symptômes ; on n'en relève jamais dans mon esprit.

M. de Lamartine, si vous n'avez pas la force de vous affranchir de l'influence des coteries, vous perdrez votre piédestal de terre glaise.

Le ciel tonne de loin sur ce peuple stupide (1)
      Qui des arts foule le berceau,
Qui parcourt d'un œil sec les rives de l'Aulide,
Qui transforme en déserts les plaines de l'Élide,
Qui de Socrate même ignore le tombeau,
      Qui de Lycurgue et d'Aristide
      Mutile la race intrépide,
Fait de Sparte un sérail, et d'Athène un hameau.

J'aurais voulu trouver cette verve dans la dernière *Messénienne* de M. de Lavigne.

L'abbé Mably disait qu'à Paris la classe de la société où il avait trouvé le plus d'hommes respectables, était celle des fiacres; sous le joug même de l'oppression, ils conservent une âme libre, soutiennent leurs droits à coups de poings, et disent, dans l'occasion, des injures à tout venant, sans aucune acception de rang ni de personnes.

De tous les nouveaux caractères comiques que j'ai vu exposer sur la scène depuis quelques années, aucun n'a fait une véritable fortune. Serait-ce uniquement la faute des peintres de nos jours? ne serait-ce pas aussi celle de leurs modèles? Nos vices mêmes seraient-ils devenus si insignifians qu'ils ne pussent plus fournir de bons originaux à la comédie? Un tel paradoxe

____

(1) Les Turcs.

me paraît difficile à soutenir; je crois au contraire que le commerce du monde, et surtout
les bons dîners, ont fait sur les gens de lettres,
ce que le cardinal de Richelieu fit sur les seigneurs de châteaux ; ceux-ci ont beaucoup
perdu en sortant de leurs terres, et ceux-là en
sortant de leurs retraites.

Trois choses contribuent le plus à élever l'esprit national et à créer des poètes : les grands
hommes, les grands événemens et les grands
rois; ils se trouvent pour l'ordinaire ensemble.

L'enthousiasme est le père des grandes choses.
Lorsque Jupiter enfanta Minerve, ce fut, selon
la Fable, Vulcain, le dieu du feu, qui, ouvrant
la tête de Jupiter, aida la sagesse à éclore tout
armée. C'est l'emblême de l'enthousiasme. Rien
de divin n'est produit à froid. Le czar Pierre
quitta ses déserts pour venir chercher la lumière.
Napoléon fit parler quarante siècles du haut des
pyramides; et Mahomet commanda, en présence
de son armée, à des montagnes éloignées de
s'approcher de lui; comme elles demeuraient
immobiles, il ajouta : « Puisque vous refusez
d'avancer vers moi, c'est à moi de marcher vers
vous. » Il marcha, et son armée le suivit.

Il ne faut pas confondre l'enthousiasme qui
transporte le génie et lui fait créer les grandes
choses avec la fumée de l'amour-propre, de la

gloire, de l'opinion. On fait des grands hommes, des héros, des poètes avec de la fumée. Au physique comme au moral, tout vient de la fumée, et tout doit retourner en fumée : des lois de la nature c'est la plus constante, la plus universelle; mais comme cette distinction demanderait un chapitre entier, nous nous réservons d'en parler à fond quelque jour.

Je crois avoir connu, ou peut-être l'ai-je rêvé, un M. Liron, bon gentilhomme de ma province du Périgord, qui ne concevait pas que les parchemins fussent inutiles pour faire un bon poëme; il s'imagina donc de chanter le vertueux archevêque de Cambrai. Il communiqua son poëme à un malin, et il y en a partout, même en Périgord, qui pour toute réponse écrivit au bas du manuscrit :

> Pour chanter Télémaque et le grand fénélon,
> Il faudrait une lyre, et non pas un Liron.

Combien n'avons-nous pas vu de Lirons qui n'avaient pas même l'excuse des parchemins, depuis l'heureuse issue de la guerre d'Espagne?

L'un voit Alexandre dans son héros, l'autre y voit César à Pharsale.

Trois autres ont le bonheur de tomber sur un sujet admirable : Louis XII, le père du peuple et le comte d'Angoulême; François Ier. d'un côté ; Louis XVIII et son fils adoptif, le duc d'Angoulême de l'autre. La prise de Gènes par le comte, la brillante affaire du Trocadéro par le duc : quels rapprochemens ! que de beautés naissaient si naturellement d'un si rare sujet ! Les sots n'en ont fait qu'une plate rapsodie ; on ne dira pas d'eux : *in cujus manu, plombum aurum fiebat.* (1)

Cent autres n'ont su tirer de leur méchante fripperie, que les mots *Logrono, Trocadéro* (2).

Mille autres..... *infelix dido ;* malheureux prince, malgré tes longues infortunes, tu n'as jamais eu de plus cruels ennemis.

Non, tu n'approches pas encore d'Alexandre,

---

(1) Sous ses fertiles mains le plomb devient de l'or.

(2) Ces éloges plats et outrés qu'on y rencontre à chaque instant, de la nation et de l'armée française, et que des saltimbanques nous donnent pour du patriotisme ; M. Turgot appelait cela du patriotisme d'antichambre. Rien ne serait plus capable d'avilir un grand peuple et de le précipiter vers sa décadence que cette profusion continuelle de fades louanges. J'espère que la gloire de la nation française ne sera jamais confiée à MM. M..., D..., et autres du même calibre. C'est pourtant à ce genre de patriotisme, aussi bas que puéril, que nous sommes réduits, depuis qu'on s'industrie à affaiblir et à détruire les liens qui attachent le citoyen généreux et libre à la patrie.

de César, ni de Napoléon ; Logrono et le Trocadéro brillent moins qu'Arcole et les Pyramides.

Tu es le duc d'Angoulême, le descendant de soixante rois de France, sur lesquels tu peux en choisir vingt qui, leur diadême à part, eussent brillé au-dessus de leurs semblables.

Tu es le fils de France, qui viens de présenter au monde le plus bel exemple de modération et de générosité ; tu n'as pas remporté de brillantes victoires ; mais tu étais sur le terrain, et je ne sache pas que tu aies reculé devant le danger.

L'armée te sera fidèle, parce que tu lui as montré le courage et l'honneur de Henri IV, et surtout la probité militaire, que des capitaines consommés avaient dédaignée.

Si de nouvelles circonstances se présentent, fouille dans ton âme, et tu devras y trouver le vieux cri de tes aïeux.

Mais si le ciel te destine à supporter le fardeau de la couronne, prince auguste, marche avec nous, fuis les flatteurs, *fuis les jésuites*, et s'il m'est permis d'élever la voix jusqu'à toi, au nom de la France déchirée par quinze ans d'anarchie, au nom de mes enfans, car chacun ici-bas stipule ses petits intérêts, donne-nous la liberté qui est consacrée par la Charte de ton immortel aïeul. Ne nous laisse pas surtout la bride sur le cou ; nous courrions trop vite (1).

Que nous veut donc ce vieux courtisan bio-graphe, avec ses dix volumes de mémoires ; cet auteur d'un atlas, qui n'a pas compris qu'il portait un géant ! Grand homme, dévoré par le vautour britannique, ton plus grand malheur ne fut pas d'avoir reproduit à nos yeux la fable de Prométhée, mais bien d'avoir eu pour histo-rien un écrivain hermaphrodite, qui, exagérant le mot du vieux courtisan de Louis XIV, ne se contenta pas de t'avoir tenu le pot-de-chambre, et te le cassa sur la tête.

Que Priam, dans Homère, se jette aux pieds

----

(1) Je vais transcrire ici un passage d'un écrit célèbre publié en 1667, par les ordres du grand roi.

« Qu'on ne dise donc point que le souverain ne soit
» pas sujet aux lois de son état, puisque la proposition
» contraire est une vérité du droit des gens, que la
» flatterie a quelquefois attaquée, mais que les bons
» princes ont toujours défendue comme une divinité
» tutélaire de leurs états. Combien est-il plus légitime
» de dire, avec le sage Platon, que la parfaite félicité
» d'un royaume est qu'un prince soit obéi de ses sujets,
» que le prince obéisse à la loi, et que la loi soit droite
» et toujours dirigée au bien public ! »

Fort bien ; mais les jésuites.

d'Achille, embrasse ses genoux, et demande en suppliant les dépouilles d'Hector, cet abaissement est sublime.

Qu'Alexandre, vainqueur du monde, s'arrête sur l'Indus, et s'écrie : « O Athéniens! c'est vos suffrages que j'ambitionne. » Alexandre avait raison; Athènes distribuait les couronnes.

Mais que l'homme qui débrouilla le chaos de nos sanglantes saturnales, ce génie de lumière et de gloire, ce dieu mortel (1) qui d'un souffle improvisa nos lois, ce conquérant qui fit briller l'éclat de nos armes du Tage au Boristhène, du Tibre au bord du Nil, Napoléon enfin sollicite les suffrages, de qui...? du faubourg Saint-Germain. — *Sicut bos* (2).

---

(1) *Sit divus, dum non sit vivus.*

(2) Le malheur de nos jeunes poètes est de vouloir être placés à vingt-cinq ans parmi les oracles de la nation, ils croyent qu'on n'a qu'à se fabriquer un trépied comme on peut, le porter de spectacle en spectacle, de soirée en soirée, et qu'on ne peut manquer d'être bientôt un grand homme. Si la confiance et la présomption fortifiaient les talens, ils ne tarderaient pas à être au pinacle; mais il faut d'autres moyens pour y arriver; il faut des études longues et opiniâtres; il faut une application constante ; il faut l'amour de la solitude et des lettres (belles-lettres et non bonnes-lettres) pour deve-

nir digne d'être compté parmi ceux que les lettres ont
véritablement illustrés.

On se tromperait sur mon caractère si on pouvait
croire que j'ai fait ce chapitre par méchanceté, par
amour pour l'épigramme, et avec l'intention de guer-
royer en partisan ; l'ennui et le hasard m'ont mis la
plume à la main ; j'ai dit le plus poliment que je l'ai pu
ce que je crois être la vérité, mais je n'en contracterai
pas l'habitude ; c'est un métier triste et pénible, dont les
fatigues ne sont pas compensées par la gloire qu'il procure.

S'il se trouve encore quelque Lesage parmi nos écrivains dramatiques, je le prie de tirer parti de l'anecdote
suivante :

M. B..., ancien agent-de-change, se trouvait lié d'affaires avec un baron juif, celui qui tient l'auberge la plus
distinguée de Paris, et qui est chevalier de la Légion-
d'honneur.

M. B... et le baron juif jouaient ensemble une partie
d'écarté chez Mme. F... Le juif se permit quelques *in-
congruités*. M. B..., se croyant offensé, lui lança plusieurs coups de pieds sur les os des jambes ; le juif jeta
les hauts cris, et les deux champions se séparèrent en se
disant à demain.

B... ne manqua pas au rendez-vous, il y allait tous les
jours pour affaires à la même heure ; le juif le reçut,
et sans lui parler des coups de pieds de la veille, il lui
dit : « Moun zer B..., vous zêtes l'ami des zomes du
» *Miroir*, qui font contre moi des zépigrammes et des
» zansons ; z'en fait bien oussi, mais elles ne sont pas
» piquantes. Ze ne veux plus vous recevoir dans ma

» société; mais quand vous zaurés de bonnes zaffaires,
» venez me trouver. »

— J'y conseus, répondit M. B..., mais voici le mémoire d'un homme qui m'intéresse infiniment ; il sollicite un emploi dans la finance ; vous êtes lié avec le
ministre ; son sort dépend de vous... Ravi d'en être
quitté à si bon marché, le baron juif l'assure que quelque faible que soit son crédit, il ne négligera rien pour
faire finir l'affaire. — « Mes zévaux sont mis, ze cours
» m'en occuper. » Ainsi finit cette action si chaude.

CHAPITRE XXIII.

Domine, quis habitabit in tabernaculo tuo?... Qui pecuniam suam non dedit ad usuram.

(PSAL., 14, vers. 1 et 6.)

DE L'USURE.

QUI eût osé, pendant bien des siècles, s'élever publiquement contre la pratique superstitieuse et barbare du *jugement de la Croix, du sort des Apôtres, du fer chaud, de l'eau bouillante et du duel ?*

Le siècle du *grand Roi* s'enorgueillissait des progrès immenses qu'avaient faits les arts, la raison, l'urbanité et les lumières, lorsque Saint-Sorlin-Desmarets découvrit dans Paris des fourmillières d'hérétiques ; et la plus grande partie du public lui sut bon gré de cette découverte. D'autres enthousiastes ou fanatiques furent bien plus loin, et plus d'un million de têtes hétérodoxes se virent mettre à l'index. L'épidémie la plus répandue et la plus contagieuse trouve toujours des médecins qui osent l'affronter ; mais

combien de fois leur générosité et leur courage
ne leur firent-ils pas éprouver le sort des Galilée
ou des Hauranne !

Je ne prétends point établir une comparaison
exacte entre ces préventions extravagantes, et
l'exercice de l'usure, parce que l'existence des
usuriers et de leur infâme doctrine n'est malheureusement que trop notoire au milieu de Paris et dans la France, livrée à ce genre de vandalisme impuni. C'est précisément parce qu'il y
a des usures horribles, et des usuriers hideux,
qu'il est plus difficile d'attaquer avec succès l'o-
pinion, qui en multiplie le nombre à l'infini. On
est d'accord que l'usure proprement dite est un
crime; et quand il s'agit de la définir, d'en fixer
la nature, d'en déterminer les vrais caractères,
d'en admettre la preuve, les tribunaux hésitent,
et les grands coupables échappent à la sévérité
des lois, peut-être même à leur insuffisance.

Je conçois bien que lorsqu'il ne s'agissait que
d'examiner le principe de l'intérêt, considéré
comme *fruit*, des théologiens, des canonistes,
des jurisconsultes, des politiques, des publicistes,
quiconque enfin joint à des connaissances com-
munes, le talent de bien saisir un principe et
d'en déduire exactement les conséquences, puissent élever une controverse; et je ne suis point
étonné de voir aux prises sur cette matière, Bayle

et Pontas, Grotius et Bossuet, Bacon et Montesquieu, Maphei et Condillac; mais qu'aujourd'hui,
où les canonistes n'en imposent plus à personne,
où la simplicité du langage a remplacé parmi
nous les abus de la scolastique, où enfin tout le
monde sait que l'intérêt légal est un fruit légal,
on puisse encore laisser le grand crime de l'usure
impuni? Voilà ce que je ne conçois pas.

J'appelle intérêt légal dans les transactions
purement civiles, 5 pour cent, non compris les
droits de commission et les frais d'actes.

J'appelle intérêt légal dans les transactions
commerciales, 6 pour cent, la commission par
chaque usance et l'agio qu'admet l'usage.

J'appelle usure simple, ce qui varie ce taux
de 1 à 2 pour cent par an.

Enfin, j'appelle crime les exemples que je vais
mettre sous les yeux de mon lecteur. Je n'aurai
que l'embarras du choix.

L'Agamemnon (1), le roi des rois d'Israël, le

---

(1) Grimm, dans sa *Correspondance littéraire*, vol. 1er.,
pag. 95, rapporte une petite anecdote qui commence
ainsi :

« Épithalame pour Mgr. le dauphin et Marie-Antoi-
» nette, présenté à Mgr. le dauphin, par M. *Perrier*,
» principal du collége de Couches. Cette pièce, dont la
» platitude est incroyable, etc. »

Grimm ne dit pas si ce principal était aussi bon usu-

patriarche de Juda, M..... enfin, est un homme
de soixante-six à soixante-huit ans! bel âge pour
un usurier; il a fait ses premières campagnes
dans l'étude d'un procureur et à l'intendance
d'un ancien président au parlement de Paris,
celui qui vota la mort du Roi; il est célibataire
et n'a point de parens. C'est l'homme le plus poli
de Paris; il est dévot et bien pensant; il donne la
particule *de* aux noms de tous ses débiteurs, paie
exactement ses fournisseurs; mais il ne dépense
pas mille écus par an. Depuis quarante ans, il
oblige ses amis à 15 et 20 pour cent, qu'il fait
payer d'avance, quoiqu'il ait eu soin de prendre
ce qu'il appelle tantôt ses sûretés, tantôt son
nantissement. Les tribunaux lui donnent raison;
les notaires, les avoués le servent utilement, tout
en le méprisant : cela doit être. M.... est encore
ce qu'on appelle un usurier honnête homme.

Pamphile est beaucoup plus jeune qu'Agamemnon; il est plus large dans ses manières; il donne
des bals et couvre de boue ses débiteurs après les
avoir ruinés. Sa stature est grêle et assez élevée.
Sa figure pâle et blême ne peint jamais ni la
joie ni la tristesse; trois décorations pendent à sa

---

rier que mauvais poète; il fait seulement remarquer
qu'à cette époque les principaux de collége étaient plus
forts en bassesses qu'en bonnes qualités.

boutonnière, et ne suffisent pas pour cacher toute
la laideur de son âme. Il n'est pas méthodique
dans ses opérations ; elles varient selon les temps
et les besoins des personnes ; ses filets sont tendus
dans tout Paris ; il *commandite* une maison de
jeu et de prostitution, pour que les victimes tombent droit dans son greffe. Il s'adresse particulièrement aux jeunes gens de bonne maison, qui
frisent leur majorité. Pour trois mille francs
d'argent qu'il leur donne, il leur fait souscrire
trente mille francs d'acceptations en blanc, qu'il
ne date que le lendemain de leur majorité. Dix-
sept plaintes criminelles ont été portées contre
lui ; il a eu le bonheur de les parer au moyen de
la fiction commerciale qui résulte de la lettre-
de-change, et qui investit un rapporteur commercial du fait même de la plainte criminelle ;
il connaît ordinairement ce rapporteur (1). Il

-----

(1) Un usurier, aujourd'hui grand personnage, qui
n'était pas moins attaché à son plaisir qu'à son trésor,
qui aimait le monde et le gros jeu de société, avait beaucoup de peine à satisfaire deux penchans, dont le contraste faisait le supplice habituel de sa vie. Voici le
moyen qu'il avait imaginé pour les mettre d'accord. Il
s'était imposé la loi de ne jamais dépenser au-delà de
quinze mille francs, quoiqu'il eût quarante mille livres
de rente en revenus légaux. Lorsque quelque fantaisie
l'exposait à la tentation d'enfreindre la loi, il capitulait

faut que Pamphile soit bien servi, car j'ai vu à ses trousses dans le même moment, toute la famille d'un pair de France, un ancien premier président de la cour royale de Paris, un président actuel du tribunal de première instance, et deux anciens procureurs de Paris, dont il avait ruiné les enfans.

Gorgonius, petit banquier très gros et très court de sa personne, prend aussi le papier des enfans de famille, à cent pour cent d'intérêt par an, encore donne-t-il en paiement des liquides, des toiles, de mauvais draps, qu'il fait racheter par ses coureurs à 5o pour cent au-dessous du prix de livraison? Et puis, que Molière nous vante la hallebarde de son juif! Gorgonius a son compte courant à la banque, ce qui l'aide à donner le coup de pinceau commercial au papier que lui

---

avec lui-même, se mettait à genoux devant sa caisse, lui exposait, de la manière la plus touchante, le besoin d'un secours extraordinaire ; lui demandait ensuite, à titre d'emprunt, la somme qu'il lui fallait : mais comme il considérait sa caisse comme un usurier sans passions, il lui déposait le gros brillant qu'il portait habituellement sur sa poitrine, et ne le reprenait que lorsque, par le moyen de l'usure, il avait comblé ce déficit. Je m'en apercevais, et je lui reprochais quelquefois l'exorbitance de ses intérêts ; il me répondait naïvement : « Je » ne peux pas réduire ; mon diamant est en plan. »

procure son vil métier. Gorgonius prête sur gage, sur marchandises, en se faisant passer des ventes simulées. Aussi s'est-il joliment arrondi.

Thaïs, ancienne courtisanne, etc. (1).

Mais où l'usure peut avoir des conséquences plus funestes encore, c'est dans les compagnies des gardes-du-corps du Roi. Qu'on se donne la peine de compulser les archives du tribunal de commerce de Versailles, et on y verra vingt condamnations sur trente, prononcées contre des gardes. Il serait plaisant que la compagnie se trouvât sous la main des huissiers un jour de service.

Voici comment les usuriers prêtent aux gardes-

---

(1) Le grand Vestris, informé des dépenses excessives de son fils, convoqua une assemblée de famille, devant laquelle il adressa au jeune homme le discours suivant, avec l'accent et la dignité qui lui étaient propres.

« Auguste, on parle dans le monde du mauvais état » de vos finances; on dit que vous avez un compte ou- » vert chez tous les usuriers de Paris; que vous abusez » de la confiance qu'inspire le nom que je vous ai per- » mis de porter. Si vous ne mettez pas ordre à vos » affaires, je ne souffrirai pas que vous le portiez plus » long-temps. Nous nous sommes toujours soutenus » avec honneur, entendez-vous, Auguste ; je ne veux » point de prince de Guémené dans ma famille. »

du-corps (1): 3oo fr. pour trois mois, contre une lettre-de-change de 4oo fr., ce qui fait 125 pour cent d'intérêt par an, et les frais qui arrivent

———————————

(1) Ce n'est pas seulement de nos jours que les usuriers ont eu des protecteurs dans les tribunaux et même chez les jésuites : je vais rapporter ici l'histoire de l'usurier Billard et de l'abbé Grizel, sous-pénitencier de l'église de Paris, confesseur de Mgr. l'archevêque, et directeur de plusieurs dévotes illustres; connu d'ailleurs par son goût pour la garde des dépôts qu'il ne rendait jamais. L'histoire n'est pas ancienne, elle est de 1770.

Billard, qui était le prête-nom de l'abbé Grisel, fit une banqueroute de plusieurs millions, quoiqu'il ne fît aucune dépense apparente; on trouva seulement sur ses registres une dépense annuelle de cent mille écus pour l'entretien de son confesseur, l'abbé Grizel.

Ce saint homme fut arrêté, et l'on découvrit les jésuites au fond du sac.

C'était sous le nom de Billard que l'abbé Grizel faisait mettre tous les legs qu'il se faisait faire par testament. On prenait Billard à serment que ces legs n'étaient pas des fidéi-commis, et Billard se parjurait chaque fois en justice.

Billard jouissait d'une grande considération dans le parti dévôt; il approchait de la Sainte-Table tous les trois jours, et il avait le privilége d'être communié avec une hostie de prêtre. Un jour, Billard s'étant présenté à la Sainte-Table, quoiqu'il eût communié la surveille, et le prêtre qui célébrait la messe n'ayant que de petites hosties, lui dit : « *Saint Billard, vous me prenez au dé-*

presque toujours. Messieurs les gardes-du-corps appellent honnêtes gens les usuriers qui ne leur prêtent qu'à quarante pour cent.

La loi de Mahomet, dit *Montesquieu*, confond l'usure avec l'intérêt; ce qui fait que l'usure augmente dans les pays mahométans, à proportion de la sévérité de la défense. Le prêteur s'indemnise du péril de la contravention. (*Esprit des lois*, tom. 2, art. 17.)

Les prêteurs français ne peuvent pas être déterminés par cette crainte, puisqu'on n'admet pas contre eux la preuve testimoniale, et qu'ils ont bien soin de ne pas se compromettre par des écrits; et cependant je doute que les *Mahumé-*

» pourvu, *il faudra vous contenter de la fortune du* » *pôt.* »

Billard fut condamné, en février 1772, au bannissement et au pilori pendant deux heures, à la Grève. Il était en bas de soie, en habit noir, bien frisé, bien poudré. Quand le bourreau vint le chercher à la Conciergerie, il voulut l'embrasser, l'appela son frère, le remercia de ce qu'il lui ouvrait la porte du ciel, bénit Dieu de cette humiliation, et récita des psaumes tout le temps qu'il fut au carcan. De là il fut à Rome, auprès du général des jésuites, où il retrouva une partie des cinq millions que les dévotes lui avaient légués ou confiés.

La race des Billard et des Grizel n'est pas éteinte.

tans, comme dit Montaigne, *abominent* mieux leurs débiteurs que les Juifs qui boivent les eaux de la Seine.

Serions-nous destinés à subir encore les erreurs qui, d'âge en âge, entraînent la multitude, qui humilient l'orgueil de la raison humaine, en l'avertissant des bornes qui l'entourent, qu'elle sent et qu'elle oublie tour-à-tour ?

Puisque nous sommes en train d'imiter l'Angleterre, empruntons-lui sa cour d'*équité*, admettons la preuve testimoniale contre l'usurier notoirement signalé pour exercer cet infâme trafic, et souhaitons que de nouveaux *Angrand d'Alleret* soient appelés à juger ces matières.

Guillaume de Tyr, esprit juste et clairvoyant, malgré l'épaisseur des ténèbres qui l'environnaient, avoue que la plupart des nobles qui se croisèrent ne prirent ce parti que pour échapper aux poursuites de leurs créanciers.

Je ne suis pas Guillaume de Tyr ; mais j'y vois clair quand je regarde attentivement ; je déclare donc, pour que dans mille ans on puisse recourir à ma déclaration, que les quinze-vingtièmes des émigrés de ma province gémissaient sous des décrets et des saisies réelles au moment de l'émigration. Ce n'était pas un crime, c'est seulement une vérité.

Que le séquestre national d'abord, et plus tard le bénéfice d'inventaire, ont rendu la maison d'Orléans plus réellement riche qu'elle ne ne l'eût jamais été.

Et qu'enfin je connais plusieurs anciennes maisons, dont les biens étaient en direction chez les notaires, dont les dettes ont été liquidées par l'État, et qui n'en ont pas moins retrouvé des masses de bois considérables et libres de dettes.

Si les choses se sont ainsi passées dans les autres provinces, à qui nos *marchands d'espérance* destinent-ils les 450 millions dont parle si lestement le Journal de la trésorerie?

Et pourquoi enrichir gratuitement, injustement même la haute aristocratie aux dépens de ceux qui ont subi le *maximum*, le papier-monnaie, le tiers consolidé, qu'on va jésuitiquement réduire encore, les réquisitions, le pillage, le viol, et qui n'ont échappé aux vengeances aristocratiques que pour tomber plus tard sous la vengeance européenne et sous la domination des jésuites ?

Certes, je suis bien éloigné de contester à quelques malheureuses familles d'émigrés, des secours ; mais on le pouvait depuis dix ans ; les gros, les habiles ont déjà fait leur affaire ; ils la feront encore dans cette grande et imprudente

mesure ; et , comme par le passé, les gros bro-
chets joueront le rôle du Roi-Lion.

Je n'ai jamais signé comme notaire la trans-
mission d'un bien d'émigré (avant la restauration), sans avoir préalablement écrit à l'émigré ou à ses représentans ; ils venaient, et je
trouvais le moyen de les satisfaire sans offenser
personne , et sans aigrir les passions. Vingt
familles en déposeraient au besoin.

Je me rappelle qu'en 1817 , M. le duc de
Richelieu me demanda quel était le moyen que
j'emploierais pour satisfaire les émigrés : « Satisfaire les émigrés, lui répondis-je, est impossible;
mais être juste à leur égard est la chose la plus
facile; j'accomplirais cette opération sans que le
gouvernement s'en mêlât, et tous seraient con-
tens. Mais évitez, lui dis-je, Monseigneur, de
remettre la France en présence de l'émigration ;
évitez, si cela dépend de vous, une mesure générale, vous tomberez dans les liquidateurs, dans
les voleurs, dans l'arbitraire , et les véritables
nécessiteux n'auront rien ou presque rien. »

Et pourquoi décrêterait-on des fonds d'avance;
déterminez la base des indemnités proportion-
nelles; appelez les ayant droits; imposez-leur la
condition préalable de se faire liquider; fixez un
terme de forclusion; et par cette opération, vous

acquerrez la certitude que la France, en récompensant le malheur, ne livre pas la fortune publique aux mains cupides qui n'ont reculé l'indemnité que pour mieux l'exploiter.

Eh quoi! ni les sages, ni les fous, ni les étourdis, ni les réfléchissans, ni les gens d'esprit, ni les bêtes ne pressentiront les effets de cette funeste mesure; et parce que la question est embrouillée par les déraisonnemens plus insipides les uns que les autres de la trésorerie, la loi passera! J'avoue qu'il est difficile de se faire lire sur une matière si fastidieusement rebattue depuis dix ans, et qu'il faut trouver le secret de faire un ouvrage absolument neuf, rempli de vues d'une étendue immense, pour distraire un moment nos miopes libéraux, nos philosophes (1). Gourmands et gourmets, nos lâches et cupides financiers, nos habitués des salons et des foyers de théâtre, nos femmes sensibles et leurs amans, nos coquettes actrices ou savantes, et la foule qui s'empresse autour d'elles, les dévotes de nouvelle

----

(1). Le prophète a dit dans le chapitre des malédictions :

« Je t'ôterai le goût des choses sensées et profondes, » et tes philosophes seront réduits à faire des cha- » rades. »

fabrique, et surtout les oisifs et leur fatal des-
œuvrement.

Et tous ces gens-là parlent de liberté! Ne res-
semblent-ils pas à un sourd qui vante l'harmonie de *Mozard* ou la suave mélodie de *Cima-
rosa.*

Pourquoi n'ai-je pas le privilége de l'homme
de génie? pourquoi *l'intention* n'est-elle pas
réputée *pour le fait;* pourquoi ne puis-je pénétrer depuis le cabinet du monarque jusqu'au
repaire de l'ignorance et de la sottise, pour y
répandre la lumière, non cette lumière qui brûle
et dévore tout, mais celle que tout homme de
bien peut avouer, qui éclaire et ne brûle pas,
qui sait respecter l'ordre et les lois sociales; qui
fait que *ceux* condamnés à marcher à tâtons
dans les ténèbres, avancent à la lueur de son
flambeau, librement et hardiment dans le sen-
tier sombre, étroit et tortueux de la vérité?

Mais, au temps où nous vivons, il faudrait
que le lecteur sût lire le blanc des entrelignes;
c'est-à-dire, à l'aide de ce que l'auteur a dit, de-
viner ce qu'il n'a pas dit; pénétrer ce qu'il a
pensé, et ce que, pour raison à lui connue, il
n'a pas confié au papier. — *Dernier avis.*

« Les portes du jésuitisme prévaudront; leurs
» grossiers missionnaires ont tout ce qu'il faut
» pour conquérir le monde, *absurdité, obscu-*

» *rité*, *tristesse*, *fanatisme*, *clabauderie* en fa-
» veur du pauvre et du peuple. On les méprise
» au foyer de l'opéra et dans les salons de Pa-
» ris; mais on ne connaissait pas les épîtres de
» Paul à Rome, tandis qu'elles préparaient la
» destruction du paganisme et l'établissement
» de la religion chrétienne sur ses ruines. »
L'imprimerie, la redoutable imprimerie n'arrê-
tera pas l'obscurantisme si les jésuites restent
en France; ils affronteront tout pour rendre le
genre humain plus absurde et plus atroce. Il
est temps de dire aux patriotes, philosophes,
libéraux, jansénistes, et qu'importe le titre, ce
que saint Jean disait aux chrétiens : « Mes enfans, aimez-vous les uns les autres, car qui
diable vous aimerait? *Nil explicare*. Peut-être
vaudrait-il mieux parler du jeune éléphant qu'on
voit au Jardin des Plantes ; car c'est la seule
bête un peu considérable dont on puisse parler en
ce temps-ci sans danger.

Et sur ce, dit Rabelais, tenez-vous en joie et
buvez frais.

wwwwwwwwwwwwwwwwwwwwwwwwwwwwwwwwwwwwww

CHAPITRE XXIV.

Carmen execrabile, vota feralia, diræ deprecationes.

Les imprécations consistaient dans des formules, dont l'expression seule inspirait l'horreur.

Dans un pays livré aux partis politiques, la considération publique n'existe pas; l'espion, le délateur, le plus lâche coquin se trouve tout-à-coup transformé en honnête homme par le parti qui a intérêt à s'en servir, et alors le patriotisme le plus pur devient crime.

Je ne puis pas dire comme Tacite : « *Nec injurià, nec beneficio cogniti.* » J'ai au contraire connu, pour mon malheur, les hommes et les choses; mais cette circonstance n'altérera pas la vérité; je promets à mes lecteurs de les conduire avec franchise dans ce repaire de turpitudes; et j'ose me flatter, non pas d'y retrouver ma fortune, mais d'en faire sortir une moralité que chaque véritable français devrait graver dans son âme.

Je sais d'avance tout ce que j'affronte de passions haineuses; mais mon cœur bat encore pour le doux nom de patrie, et je ne fléchirai pas devant l'iniquité (1).

J'étais patriote en 89, je le suis encore aux mêmes conditions, ma conduite politique n'a jamais varié; liberté légale, mais respect au pouvoir qui me protège.

On n'a pas assez mesuré la distance qui sépare un patriote de bonne foi d'un jacobin et même d'un bâtard libéral, comme il y en a tant. Un patriote n'est pas factieux, la France est tout pour lui; on ne le verra jamais mendier de secours étrangers contre sa patrie; et si ce vœu impie pouvait, même à son insu, se glisser dans son âme, on l'entendrait s'écrier : « Dieux immortels, écrasez-moi! »

Voilà mes principes; voilà le premier lait que j'ai sucé, et, s'il plaît à Dieu, ils me suivront jusqu'au tombeau.

À la suite de nos discordes civiles, une masse énorme d'individus est restée flottante parmi nous; habituée aux incertitudes de la vie, n'ayant besoin d'aucune fixité politique, elle se voit tributaire de ses passions, de ses besoins et du premier

____

(1) *Hoc animo semper fui, ut invidiam virtute partam, gloriam, non invidiam putarem.*

(Cic., p. catilinaire.)

enthousiaste, vrai ou factice, qui réclame son appui. C'est elle qui fournit les transfuges (1); c'est dans son sein que se recrutent les factieux; elle attire la jeunesse en la pervertissant, et c'est du fond de ses conciliabules que sortent ces épouvantables théories du bouleversement général.

Malheureusement les partis sont aveugles, et des gens, fort honnêtes d'ailleurs, prêtent les mains, couvrent de leur appui des hommes que souvent ils ne connaissent pas.

D'autres, factieux, honteux ou prudens, attisent le feu, poussent leurs soldats sur la brèche, et ont toujours soin de se cacher. C'est cette race d'honnêtes gens que vous rencontrez dans les tribunaux, dans les administrations et dans les premières fonctions de l'état; trop souvent sur les degrés du trône.

----

(1) Tout transfuge attaquant le droit social, devient rebelle et traître à la patrie; il cesse d'en être membre en violant ses lois. La conservation de l'État est incompatible avec la sienne; il faut que l'un des deux périsse; et quand on fait mourir le coupable, c'est moins comme citoyen que comme ennemi. Les procédures, le jugement, sont les preuves et la déclaration qu'il a rompu le traité social, et par conséquent qu'il n'est plus membre de l'État.

Je l'ai vu, lecteur honnête, tu peux m'en croire; ni toi ni moi ne guérirons cette lépre, cette tendance à la dissolution sociale, mais nous tâcherons au moins de nous en préserver.

Je sais bien, d'un autre côté, que l'aristocratie a aussi ses chenilles, qui ne pardonnent pas plus en France qu'à Venise; elle est partout la même, son cachet touche au berceau de la civilisation. Auguste ne pardonna jamais à Agrippa, son gendre, qui le faisait régner, la bassesse de son extraction; et de nos jours, j'ai vu sur la tombe du duc de Berry, des aristocrates qui, trompant la douleur royale sur les vrais sentimens des Français, voulaient immoler nos libertés nationales (*b*): « O bon Henri! quel holocauste pour les mânes d'un de tes descendans! » Il faut prendre son parti, une complète harmonie n'existera jamais entre ces deux extrêmes. « *Interfecto vitellio, bellum magis desierat quam pax cœperat.* » (TACITE.) Mais ce n'est pas une plaie qui nécessite l'appel de médecins étrangers.

J'entrai vers 1819, en qualité d'administrateur, dans la tontine perpétuelle d'amortissement, qui était alors sous la protection spéciale de l'état; cet établissement languissait. Mon apparition la transforma tout-à-coup en poule aux œufs d'or.

J'y trouvais une satisfaction que mon cœur a

toujours recherchée dans le cours de ma vie;
c'était d'avoir une vingtaine de places lucratives
à ma disposition, et de pouvoir réparer, pour
quelques individus, les torts de la fortune. Ceux
de mes amis malheureux, et j'en ai toujours eu,
que je ne pus pas placer, m'en voulurent, quoique
ma bourse leur restât ouverte, et ceux que je plaçai se sont faits plus tard mes ennemis. J'y étais
habitué, et ce trait d'ingratitude ne m'a ni étonné
ni corrigé.

La nature ne m'a pas créé pour conspirer. César en me voyant n'eût point été effrayé; tout
comme un autre, je pourrais peut-être dire en
public quelques bonnes vérités, mais je m'arrête
là, les remontrances me suffisent. Je sauve les
conspirateurs quand j'en trouve l'occasion, parce
que leur prétendue force n'est que faiblesse et
égarement. Les annales de la justice le témoignent assez. D'où vient qu'en remplissant les sublimes fonctions de jurés, les hommes qui, pour
les crimes ordinaires de la vie, n'éprouvent, en
portant le fatal arrêt, que les émotions inséparables de l'humanité, sentent en eux-mêmes un
tremblement inconnu lorsqu'il s'agit de prononcer sur la vie d'un coupable politique? Pourquoi l'homme qui est inexorable pour un voleur
de fromage, pour un délit forestier, est-il indifférent pour la révélation d'un complot? cepen-

dant le voleur de fromage n'est qu'un bien mince criminel, et le conspirateur veut embraser sa patrie, satisfaire ses noires passions dans le sang de ses concitoyens. Je tâcherai de donner la solution de ces deux questions dans le cours de ce chapitre.

La grande conspiration du mois d'août, s'instruisait devant la chambre des pairs (1); un avocat

______

(1) Je ne connais de cette conspiration que ce que tout le monde sait, mais j'ai eu occasion d'y rattacher une pensée que je vais soumettre à mon lecteur.

En 1814, lorsqu'Alexandre, non pas le grand, mais l'empereur de Russie, était encore au village de Bondi, une députation de la chambre des députés, ou plutôt quelques intrigans qui en prenaient le titre, fut introduite auprès de lui; leurs noms furent prononcés à haute voix, et l'un des officiers de la suite du prince s'approcha de M..... en lui disant : « Vous êtes Périgourdin ; je le suis aussi. »

Cet officier russe prit du service dans les mousquetaires, et alla passer les vacances de 1814 dans le Périgord. Il fut mal accueilli de la noblesse, quoiqu'il fût issu d'une ancienne maison, et j'ai su depuis que ce mauvais accueil avait eu pour cause les propos outrageans qu'il se permettait contre les princes de la maison de Bourbon.

En 1815, il fut à Gand et rentra avec le roi, mais il n'obtint aucune espèce d'emploi. Je l'ai vu pendant

qui connaissait mes anciennes liaisons avec le magistrat chargé de cette instruction, vint me solliciter pour que j'obtinsse que deux généraux, qui avaient sans doute peur d'être retenus comme accusés, ne fussent pas appelés comme témoins; j'eus le bonheur de réussir, et je profitai de l'occasion pour sortir de ce gouffre un tailleur qui avait fait des cocardes.

Ce procès procura une fatale célébrité au Bazar, et le culbuta, ce qui mit les conspirateurs sur le pavé.

Les grands faiseurs surent que j'avais mis de la complaisance dans les démarches que j'avais faites pour sauver le tailleur; ils virent en outre, que mon établissement valait au moins le Bazar pour suivre leurs projets infernaux; dès ce jour-là, ils jetèrent leurs plans sur moi. Ils m'entourèrent.

Le commissaire du roi, près la tontine, était

---

deux ans sur le pavé de Paris sans aucune espèce de ressources.

En 1817, il retourna en Russie.

En 1819, son nom figurait dans un procès qui eut lieu à Bruxelles contre des hommes qui embauchaient des régimens pour agir contre la France.

Enfin je l'ai vu, pendant l'année 1820, tenir à Paris le rang d'un homme qui a cent mille livres de rente, fréquenter habituellement le foyer de l'Opéra, les ambassadeurs et quelques hommes qu'on soupçonnait alors.

alors un ancien ami, un compagnon d'exil de Monseigneur le duc d'Orléans.

Je reçus successivement la visite de pairs de France, de généraux, de magistrats, d'anciens conseillers d'état, et particulièrement celle de l'intendant d'une grande maison. La tontine reprenait force et vertu, je n'en demandais pas davantage.

Un jour je fus brusquement sollicité par un jeune homme, frère du gendre de mon jardinier, pour que je le fisse traiter de la place d'administrateur avec un de mes collègues. Il fallait cent mille francs, et je ne lui connaissais aucune fortune; sa mère était dans la plus profonde indigence. Il me répondit : « Allez en avant, mes fonds sont faits : c'est M. le comte . . . . . , pair de France, qui me les fournit. »

Un mois après, ce jeune homme épousa Mlle. *Sauquaire-Souligné*, et ce fut là, pour la première fois, que je rencontrai son illustre père.

M. *Sauquaire* vint peu de jours après loger dans la maison où siégeait la tontine; je n'y logeais pas, et je n'y paraissais que rarement pour donner ma signature.

Il me parla bientôt de réorganiser la tontine, pour qu'elle pût exploiter le Portugal; je n'y voyais point de malice, M^r. le marquis d'Oliveira ne quittait pas *Sauquaire*.

En apercevant tous les hommes du Bazar et tant d'autres, même des magistrats, autour de *Sauquaire*, je conçus des soupçons; je cessai de le voir, et je priai ma femme de ne rendre aucune visite dans cette maison jusqu'à nouvel ordre.

J'allai trouver un homme qui ne m'a donné que d'excellens conseils, M. L....., ancien commissaire-général de police en Portugal, bon ami, et qui a pour moi une affection véritable; je lui contai mes chagrins, mes inquiétudes, il me répondit sans hésiter: « Je crois vos soupçons fondés; j'ai connu ce *Sauquaire* espion de M. de Richelieu et de M. Becquey; il avait même une police à ses ordres. Je vous demande huit jours pour éclaircir tous vos doutes.

On avait chassé la plus grande partie de mes employés; on les remplaçait par des jeunes gens qui avaient figuré dans le procès de la chambre des pairs.

Un de mes anciens employés qui venait de perdre sa place, un de ces hommes qui ne parlent que lorsque l'intérêt ou le malheur les y force, vint sur ces entrefaites se plaindre à moi. Je le fis causer, et j'appris que l'évasion de quelques officiers de la prison de Ste.-Pélagie, des lettres ou menaces écrites à des jurés, et pour lesquelles des malheureux clercs de notaires étaient condamnés, les enrôlemens pour l'Espagne, et d'autres gentillesses s'exécutaient à la tontine; on y faisait même l'exercice du fusil. Ce dernier trait me rappela le collége de Périgueux, sur la fin de 92.

Je revis M. L...., qui me dit en propres termes : « Votre tontine est une *souricière*; prenez-y garde, allez vous-en.... — Mais.... — Point de mais.... » Il eut la bonté de mettre sous mes yeux l'échiquier de la police, en me signalant les quatre gros pions qui lui étaient vendus (1).

Et tant d'infortunés proscrits, tant de malheureux crédules ou fanatiques, ont porté ou vont porter leur tête sur l'échafaud. Et vous, perfides instigateurs, lâches provocateurs qui vous cachez sous vos honneurs, qui ne sont pas l'honneur, vous osez parler de patrie!.... Votre patrie, misérables, c'est votre exécrable intérêt d'amour-propre, ce sont vos aveugles passions, c'est l'enfer qui vous attend!

On s'aperçut bientôt, dans cet *antre de Cacus*, que ma figure y jurait, on me proposa la cession

---

(1) Un auteur célèbre, calculant les biens et les maux de la vie humaine, et comparant les deux sommes, a trouvé que la dernière surpassait l'autre de beaucoup, et qu'à tout prendre, la vie était pour l'homme un assez mauvais présent. Je ne suis point surpris de sa conclusion; je voudrais seulement savoir si la police et les agens provocateurs existaient de son temps.

de mes droits; ils avaient mon successeur sous la main; on me paya, et je me retirai, me croyant bien libre; je ne connaissais pas encore dans toute sa portée l'audace des passions; je ne savais pas ce qu'elles peuvent persuader à des hommes, et surtout à des partis. *Splendentia et vehementia, sed rebus veris* (1). (St. Aug.)

Je crus devoir communiquer à un grand personnage, mon ancien ami, ma sortie de la tontine, et sans attendre que je lui en expliquasse les motifs, il me répondit comme le grand-maître des templiers : « Je le savais..... » Il m'en fit son compliment en me riant au nez. Il était bien persuadé que j'étais incapable de tremper dans de semblables machinations.

Un homme estimable, un ancien colonel que je voyais quelquefois avec *Sauquaire,* m'intéressa; je me permis de lui donner quelques conseils, il les suivit, mais il fut indiscret.

Du jour où *Sauquaire* s'aperçut que je cherchais à lui enlever ses victimes, il conçut le projet de me perdre; et ceux qui l'ont connu, savent de quoi cette tête était capable. Ses déclamations, appuyées de la voix de ses nombreux sicaires-Coriolans, formèrent dans Paris une sorte d'opinion hostile qui me croyait coupable d'illibéra-

(1) L'envie et la haine emploient le mensonge et la calomnie.

lisme. J'avais emporté la caisse de la tontine ; on me croyait criminel ; on allait jusqu'à invoquer mon châtiment.

Une certaine révolte intérieure nous distrait en même temps qu'elle nous ranime, et nous nous retrouvons plus capables de supporter le fardeau qui nous accable. Je fis tête à l'orage, et s'il n'y avait eu que des foudres politiques à conjurer, je sentais mon âme, elle était superbe.

Les meneurs jugèrent ma contenance : l'un d'eux, qui avait eu occasion de me jauger, sentit qu'il fallait changer de plan de campagne à mon égard. Sur la question politique, je pouvais me défendre, j'avais bec et ongles pour la *défensive*, qui, dans ce cas, était de droit naturel (1). La question criminelle ne portait que sur un fait faux, et les faits parlent d'eux-mêmes.

On savait que j'étais au milieu de grandes affaires, et on se persuada avec raison qu'il était facile de me porter un grand coup, en m'inquiétant dans mes relations.

D'anciennes actions de la tontine servirent de prétexte à cet odieux guet-apens.

---

(1) Tout homme a droit de risquer sa propre vie pour la conserver. A-t-on jamais dit que celui qui se jette par une fenêtre pour échapper à un incendie, fût coupable de suicide ?

M. le comte . . . ., pair de France, cet ami, ce protecteur de *Sauquaire*, s'offrit pour attacher le grelot. Il osa demander en justice le paiement d'un capital qu'il savait n'avoir jamais existé; il bâtit sa fable; tous les échos qui environnent cette puissance, qui a su profiter de tous les événemens pour s'asseoir au patriciat, répondirent. La clameur devint générale, et j'eus contre moi jusqu'à l'avocat, fils ou neveu d'un régicide, qui prostitua son noble ministère dans cette circonstance.

La femme, les enfans de cet habile disciple de Jansénius, couraient Paris, étalaient leur fraîche livrée et portaient la scélératesse jusqu'à prévenir contre moi mes hommes d'affaires, mon agent de change, mon notaire, mon avoué, et toutes les personnes qu'on savait avoir des affaires d'intérêt avec moi.

Mon droit n'était pas douteux, les meilleurs avocats de Paris donnaient leur avis en ma faveur; je n'avais rien reçu ; ces actions n'étaient que viagères, l'état était débiteur, mais *Sauquaire* régnait alors en Portugal. La guerre d'Espagne, qui commençait à peine, nourrissait d'horribles illusions (1) chez les uns, et provoquait le sentiment de la peur chez les autres.

____

(1) Les uns veulent des maladies, d'autres la morta-

Le tribunal de commerce qu'avait visité le noble pair, me déclara négociant, moi qui n'ai jamais vendu ni acheté une carotte. Depuis, ces honnêtes consuls ont jugé le contraire en ma faveur, contre des actions semblables, et, comme les juges de Gènes ou de Venise, *ils ont toujours bien jugé.*

Je fus en appel, et j'imprimai un petit *factum*, qui fit rire les uns, et blessa beaucoup de vanités chez les autres (1).

Je fus voir un magistrat, élevé en dignité à la cour royale, qui a été mon ami dès le jeune âge, qui me connaît de longue main, et qui sait distinguer en moi le bon du mauvais. Je le trouvai qui étudiait ma cause, il ne devait pas être mon juge, et je ne lui en avais jamais parlé. Ce trait me toucha, mais je n'en fus point étonné.

« Ta cause est excellente, me dit-il: tiens, voilà

---

lité, d'autres la guerre, d'autres la famine ; j'ai vu des hommes affreux pleurer de douleur aux approches d'une année fertile. Montaigne blâme l'Athénien *Démandes* d'avoir fait punir un ouvrier qui, vendant fort cher des cercueils, gagnait beaucoup à la mort des citoyens.

(1) *An, si quis atro dente me petiveris, inultus*
    Est flebo puer. (HOR.)

Si quelqu'un m'attaque, pleurerai-je comme un enfant qui ne peut se venger.

un arrêt rendu par la cour de cassation, dans une cause en tout point semblable, *affaire St.-Didier*, qui te donne gain de cause; mais tu es à la seconde chambre, tu as choqué les idées libérales, et raillié un noble disciple de Jansénius. Je ne répondrais de rien. Quelle profondeur dans cette connaissance du cœur humain ! Il fut jusqu'à me signaler les trois magistrats qui opineraient pour moi, et les quatre qui feraient pencher contre moi ce plateau de la balance de Thémis. Il avait tout prévu, les quatre juges que j'avais contre moi, dont l'un avait été mon collègue, à la liberté de la presse, refusèrent même de m'entendre; ils firent plus, ils menacèrent mon avoué de destitution s'il mettait sa signature sur mes mémoires; et voilà ce qu'on appelle de la justice.

Je fus condamné, et le lendemain je pouvais être arrêté pour le paiement de six cent mille francs, dont je n'ai jamais touché un centime.

On mit après moi les trois ou quatre cents avoués, huissiers et gardes du commerce qui désolent le département de la Seine; on forma des oppositions sur toutes mes valeurs mobilières; on fit main-basse sur mes immeubles, qu'on donna à un tiers au-dessous de leur valeur; ne pouvant m'occuper de mes affaires, puisque ma liberté était menacée, je subis cinq faillites qui m'enlevèrent trente mille livres de rente. Il faut des saisies de terre, des enlèvemens de meubles, et des prisons; je l'avoue; mais justice, lois et besoins à part, c'est une chose toujours nouvelle de contempler avec quelle férocité les hommes traitent d'autres hommes.

Les flétrissures de l'esprit de parti peuvent souiller l'existence la plus pure; la perte de ma fortune ne m'affectait et ne m'affecte encore qu'à cause de mes enfans; mais cherchant toujours une vérité morale, même dans mes infortunes, je fus douloureusement affecté en voyant après moi cette foule d'ennemis que la prospérité fait naître, que l'adversité dévoile et enhardit jusqu'à l'acharnement. Malheur à ceux qui ne sont quelque chose que par la puissance ou la fortune, et dont la force n'est pas en eux-mêmes! Malheur surtout à quiconque n'apporte pas dans les affaires une telle conviction de la justice de son système, qu'il puisse toujours reparaître dans la foule, fort du suffrage décidé de sa conscience et du respect des hommes (1).

Il fallut quitter Paris, et, pour la première fois, je sentis la différence que met l'évangile, entre les anciens et les nouveaux liens de famille.

______

(1) Il n'y a pour l'homme qu'un vrai malheur, qui est d'avoir quelque chose à se reprocher.

Ainsi, un pauvre paysan qui par son intelligence, son travail et sa persévérance, s'éleva et gagna des millions; qui ne fit jamais de mal à personne, qui quelquefois quitta ses propres habits pour en vêtir le malheur; dont la bourse fut toujours ouverte à l'infortune; auquel cent individus vivans doivent leur fortune et leurs honneurs, se vit dépouillé en un moment par la scélératesse et la perfidie.

Je partis seul, n'ayant pour toute consolation que mon vieil ami Horace; je l'interrogeais en franchissant la barrière, il me répondit :

> *Justum et tenacem propositi virum ,*
> *Non civium ardor prava jubentium ,*
> *Non vultus instantis tyranni*
> *Mente quatit solida , nequa auster ,*
> *Dux inquieti turbidæ adriæ ,*
> *Nec fulminantis magna jovis manus :*
> *Si fractus illabatur orbis ,*
> *Impavidum ferient ruinæ (1).*

Rassuré par ces sublimes paroles, je fouillai à

------

(1) L'homme juste et ferme est inaccessible à la crainte; ni la fougue d'une multitude commandant l'injustice, ni le visage d'un tyran menaçant, ni la grande main de Jupiter-Foudroyant, n'ébranlent point de son assiette solide l'âme de l'homme juste et ferme dans sa résolution. Si le monde brisé s'écroule, ses ruines le frapperont sans l'intimider.

(3o3)

l'instant dans le dernier repli de ma conscience,
et j'en exhumai cette vieille maxime de notre
chevalerie.

Fais ce que dois , advienne que pourra.

L'horizon s'est un peu éclairci pour moi ; *Sauquaire* vient de recevoir le châtiment que la patrie a toujours réservé aux parricides. Ah ! pourquoi un si grand criminel n'est-il pas la seule
victime (1).

Mes successeurs, ses compagnons dans la route
de la turpitude, sont devant les tribunaux, accusés du crime de péculat (*c*), la trop tardive justice
revient sur les condamnations civiles prononcées
contre moi.

Fit patientia quidquid corrigere est nefas (2).

---

(1) La patrie l'a condamné , la police le sauvera (*a*).

(2) La patience adoucit des maux qu'on ne saurait
guérir.

(*a*) J'avais écrit presque prophétiquement : « Cet homme croit
» n'avoir aiguisé qu'un couteau à deux tranchans : il s'est trompé;
» il en a trois, et le tranchant qui coupe de son côté le blessera
» plus grièvement qu'il ne pense. »

Vous, prétendus amis, vous m'avez fait bien du mal, et le mal que vous m'avez fait, il n'est pas en votre pouvoir de le réparer ; cependant je ne vous hais pas, les outrages, la persécution, je vous pardonne tout ; en vous voyant de près, vous m'avez fait plus de pitié que d'horreur ; je dois même à votre lâche ingratitude d'avoir appris à supporter le malheur, à soumettre à la nécessité mes passions et ma volonté, à être heureux de moi-même, et à placer dans l'indépendance de ma pensée la paix de ma conscience, mon bonheur et ma liberté. En cessant de vivre parmi les hommes, je me suis soulagé du poids de leurs propres misères, et l'éloignement de Paris et des besoins que j'y avais contractés, m'a rendu plus équitable dans l'estimation des causes qui les corrompent, en société, les uns par les autres, sans qu'ils puissent souvent les prévenir, ou se garantir de leur contagieuse influence.

C'est à l'école du malheur qu'on se forme à la jouissance des seuls biens qui conviennent à l'homme sur la terre. C'est du milieu des orages que l'air sort plus pur et plus serein, dégagé des vapeurs malfaisantes qui tenaient enchaînée son activité salutaire. Dans le cours de la vie, la sensibilité trop partagée s'émousse et perd sa vigueur naturelle ; dans le malheur, l'homme *seul* est plus à lui-même, se sent mieux, et gagne en intensité ce qu'il perd en étendue. Toutes les illusions de l'amour-propre disparaissent ; les biens et les maux réels de la vie se font d'autant plus distinguer qu'on a moins d'intérêt à se les dissimuler. J'ai pensé surtout, que si je surmontais la persécution , elle serait plus utile à mon bonheur que les jours les plus brillans de ma prospérité. Oui, mais vous ne dites pas tout, me diront quelques incurables ; vous eûtes et vous avez peut-être encore des défauts, des vices ! Vous, qui ferez de semblables questions, qui que vous soyez, rentrez au fond de votre âme, vous y trouverez cette réponse : Les imperfections, les faiblesses, les vices mêmes sont l'apanage de l'homme ; mais l'homme sage est celui qui, se relevant de ses chutes, en acquiert de nouvelles forces, lutte, combat, et sort enfin victorieux.

NOTES.

(*a*) Pour éviter les scènes scandaleuses qui se reproduisent trop souvent au sein de la chambre des députés, j'engage ceux que la France honore du titre de ses représentans, à lire les remarques sur la politesse des Sauvages de l'Amérique Septentrionale, traduites de l'anglais de M. Franklin, par M. le duc de La Rochefoucauld.

« Nous les appelons Sauvages, parce que leurs mœurs diffèrent des nôtres, et que nous regardons nos mœurs comme la perfection de la politesse. Ils ont précisément la même opinion des leurs.

» Si nous examinions avec impartialité les mœurs des différentes nations, peut être trouverions-nous qu'il n'y a pas de peuple si grossier qu'il soit, qui n'ait quelques règles de politesse; ni de peuple si poli qu'il ne conserve quelque *reste de grossièreté.*

» Les Indiens, lorsqu'ils sont jeunes, sont chasseurs et guerriers; quand ils sont vieux, ils deviennent *conseillers;* car c'est chez eux le conseil ou l'assemblée des sages qui constitue le gouvernement, et qui gouverne seulement par les exhortations; il n'y a point de force coactive, point de prison; il n'existe aucuns officiers chargés de forcer à l'obéissance, ou d'infliger des punitions. Cette manière de se gouverner les porte en général à étudier l'art de la parole, le meilleur orateur ayant communément la plus grande influence.

» Lors du traité conclu à Lancaster en Pensylvanie, dans l'année 1744, entre le gouvernement de Virginie et les six nations; après que les affaires principales furent arrangées, les commissaires virginiens informèrent les Indiens, par un discours, qu'il y avait dans le collége de Williamburg, un fonds destiné à l'éducation des jeunes Indiens, et que si les six nations voulaient envoyer à ce collége une demi-douzaine de jeunes garçons, le gouvernement prendrait soin qu'ils fussent pourvus de tout et instruits dans toutes les connaissances que l'on y donne aux jeunes blancs. C'est une des règles de la politesse indienne, de ne pas répondre à une proposition publique, le jour même qu'elle a été faite; ils pensent que ce serait la traiter avec trop de légèreté, et qu'ils témoignent beaucoup plus d'égards en prenant du temps pour l'examiner comme un objet d'une grande importance. Ils différèrent donc leur réponse jusqu'au jour suivant; alors leur orateur commença par exprimer combien ils étaient pénétrés de l'offre pleine de bonté que le gouvernement de Virginie faisait à leurs nations.

« Car nous savons, dit-il, que vous faites le plus grand
» cas de l'espèce de connaissances que l'on enseigne
» dans ces colléges, et que l'entretien de nos jeunes
» gens, tant qu'ils seront chez vous, sera très dispen-
» dieux. Nous sommes donc convaincus qu'en nous fai-
» sant cette offre, votre intention est de nous faire un
» grand bien, et nous vous en remercions de tout notre
» cœur. Mais, sages comme vous êtes, vous devez savoir
» que les différentes nations ont des idées différentes

» sur les mêmes choses ; ainsi vous ne trouverez pas
» mauvais que les nôtres, sur cette espèce d'éducation,
» ne soient pas conformes à celles que vous en avez.
» Nous l'avons éprouvé plusieurs fois ; car plusieurs de
» nos jeunes gens ont été ci-devant élevés dans les colléges
» des provinces Septentrionales ; ils ont été instruits dans
» toutes vos sciences ; mais lorsqu'ils sont revenus chez
» nous, ils étaient mauvais coureurs ; ils étaient inca-
» pables de supporter le froid et la faim ; ils ne savaient
» ni bâtir une cabane, ni prendre un daim, ni tuer
» un ennemi ; ils parlaient imparfaitement notre lan-
» gue ; on ne pouvait donc en faire ni des chasseurs, ni
» des guerriers, ni des conseillers ; ils n'étaient absolu-
» ment bons à rien. Mais quoique nous n'acceptions pas
» vos offres pleines de bienveillance, nous ne vous en
» sommes pas moins obligés, et pour vous en témoigner
» notre reconnaissance, si les principaux habitans de
» la Virginie veulent nous envoyer douze de leurs
» enfans, nous prendrons grand soin de leur éducation,
» nous les instruirons dans toutes les choses que nous
» savons, et nous en ferons des *hommes*. »

Comme les Sauvages ont des occasions fréquentes de
tenir des conseils, ils se sont accoutumés à maintenir
dans ces assemblées *beaucoup d'ordre et une grande
décence*. Celui qui veut parler dans ces conseils, se lève ;
les autres gardent un profond silence ; quand il a fini,
il s'assied ; ils lui laissent cinq à six minutes pour se
recueillir, afin que s'il a oublié quelque chose, ou s'il a
quelque chose à ajouter, il puisse se lever de nouveau et
terminer à loisir son discours. Quelle différence de ces
conseils à la chambre si polie qui représente la nation
française, ou à peine il se passe un jour sans que le pré-

sident ne s'enroue à force de crier à l'ordre! et qu'on ne dise pas que l'expulsion des libéraux a fait cesser ce scandale. Voici le résultat des trois dernières séances.

1°. M. Dudon fait la plus violente sortie contre M. Benjamin-Constant; celui-ci se *rébecque* avec raison, et dit honnêtement à son adversaire : « Vous êtes un f..... qu'on a chassé du conseil-d'état pour vos méfaits.

2°. M. Marchangy, monte à la tribune pour justifier sa nomination de député; il parle décemment et donne des raisons, qui, sans être puisées dans la lettre de la loi, sont certainement prises dans son esprit... On lui rit au nez.... et qui? Son propre parti.

3°. M. Bourdeau parle honorablement contre l'élection de la Creuse, il remplit la noble mission qui lui est confiée; il appelle fraude ce qu'il sait être fraude; c'est sa conscience qui s'exhale : M. le comte Duhamel lui dit une impertinence, lui donne une leçon, et le côté droit crie à l'ordre contre M. Bourdeau. Je pourrais bien dire deux mots de reproche à M. Bourdeau, sur l'appui qu'il a prêté au côté droit; mais je n'ai pas de rancune, il vient de faire de la bonne opposition, et, pour ma part, je lui en sais gré.

Revenons aux Sauvages.

Un missionnaire ayant assemblé les chefs des Indiens de la rivière *Susquehanah*, leur fit un sermon dans lequel il leur développa les principaux faits historiques qui servent de base à notre religion, tels que la chute de nos premiers parens en mangeant la pomme, la venue du Christ pour réparer le mal qui en était résulté, ses miracles et sa passion, etc. Quand il eut fini, un des Indiens se leva comme orateur pour le remercier : « Tout » ce que vous venez de dire est très bon, lui répondit-

» il ; il est effectivement bien mal de manger des pom-
» mes ; sans doute, il vaut beaucoup mieux les employer
» toutes à faire du cidre. Nous vous sommes très obligés
» de la bonté que vous avez eue de venir d'aussi loin
» pour nous conter ces histoires que vous tenez de vos
» mères, et je vais, en signe de reconnaissance, vous
» raconter quelques-unes de celles que les nôtres nous
» ont apprises. »

« Au commencement des choses, nos pères n'avaient
» que la chair des animaux pour se nourrir, et si leurs
» chasses n'étaient pas heureuses, ils mouraient de
» faim ; deux de nos jeunes chasseurs ayant tué un daim,
» firent du feu dans les bois, pour en faire griller une
» portion ; comme ils se disposaient à satisfaire leur
» appétit, ils virent une belle et jeune femme descendre
» des nuages et s'asseoir sur cette montagne que vous
» voyez de ce côté, au milieu des Montagnes-Bleues.
» C'est un esprit, se dirent-ils l'un à l'autre, qui peut-
» être a senti griller notre gibier et qui veut en manger ;
» offrons-lui en un morceau... Aussitôt ils lui pré-
» sentèrent la langue. Le goût de ce mets parut lui
» plaire, et elle leur dit : « Votre honnêteté sera récom-
» pensée ; revenez dans ce même lieu après treize lunes,
» et vous y trouverez quelque chose qui vous sera
» d'une grande utilité pour vous nourrir, vous et vos
» enfans, jusqu'à la postérité la plus reculée... Ils y
» revinrent, et, à leur grand étonnement, ils trouvèrent
» des plantes qu'ils n'avaient jamais vues auparavant ;
» mais qui, depuis ce temps, déjà très ancien, ont été
» toujours cultivées parmi-nous avec beaucoup de suc-
» cès et d'avantage. Ils trouvèrent du *maïs* dans la place
» où sa main droite avait touché la terre ; des *haricots*

» dans celle qui avait été touchée de sa main gauche,
» et dans celle sur laquelle elle s'était assise, ils trouvè-
» rent du *tabac*. »

Le bon missionnaire, fort choqué de ce conte ridicule,
lui dit : « Les choses que je vous ai annoncées sont des
vérités sacrées ; mais toutes celles que vous me dites ne
sont que des fables, de pures fictions et des faussetés. »
— « Mon frère, répliqua l'Indien offensé, il me semble
» que vos parens ont été injustes envers vous, en ne
» vous donnant pas une bonne éducation ; ils ne vous
» ont pas bien instruit des principes de la civilité réci-
» proque. Vous avez vu que nous, qui entendons et
» pratiquons ces règles, avons cru à toutes vos histoires :
» pourquoi refusez-vous de croire aux nôtres ? »

Je ne connais parmi nos orateurs distingués, que
M. Marcellus qui eût été capable de répondre à cet
enfant du *Célibataire des Mondes*.

Pourquoi le chantre brillant et ingénieux *d'Atala*,
qui a visité ces peuplades, ne nous en a-t-il rapporté
que le *bruit des torrens* et *du silence* ? Il aurait pu voir
que ces Sauvages sont humains et hospitaliers, et qu'ils
ont trouvé l'admirable secret de vivre sans Jésuites,
sans espions et sans gendarmes, ce qui vaut mieux que
de faire du romantisme politique et religieux.

A propos de gendarmes, il faut qu'il y en ait une
grande quantité pour que j'aie pu en compter onze
dans la salle de spectacle à Versailles ; quatre au milieu du parterre, quatre aux secondes galeries, deux à
chacun des coins de l'orchestre et un au paradis. Ah !
M. le vicomte, vous qui avez tant crié contre le despotisme et qui aviez raison parfois, avouez du moins que
dans ce temps les gendarmes ne s'asseyaient pas au

milieu du parterre. Mais vous le supportiez ce despotisme ; je crois me rappeler que vous le louâtes en assez
belle prose , vers l'année 1811. Je ne vous en fais pas de
reproches, il avait un assez beau côté pour enflammer
votre muse. Mais quel est le côté qui pourra enflammer
la mienne , si j'ai envie de chanter votre séjour, à la
tête ou à la queue du pouvoir ! Hâtez-vous de nous le
faire connaître ; car si vous sortiez du ministère sans ex-
plication , il ne vous restera de votre vie politique
que quelques pages de pamphlets éloquemment écrites,
beaucoup plus de bruit que de besogne , la mouche du
coche enfin... En voilà assez pour le ridicule.

NOTE DE LA PAGE 289.

(*b*) On a grand soin, de nos jours, de ne mettre sous
les yeux de la jeunesse que les fureurs populaires qui
marquèrent l'une des périodes de la révolution française, encore dissimule-t-on les ressorts cachés qui faisaient agir les masses. Mais si le peuple est coupable
dans ses vengeances aveugles, que doit-on dire de l'aristocratie, qui partout occupe les sommités sociales, et
que son éducation devrait préserver de semblables fureurs? Pour être juste, il faudrait mettre en regard les
crimes du peuple et les crimes de l'aristocratie, faire la
part du discernement, de l'intrigue, de l'intérêt réfléchi
et de la préméditation : si ce travail était bien fait, on
ne verrait dans le peuple qu'un servile et aveugle instrument, et l'aristocratie offrirait, depuis l'origine du
monde, la monstruosité la plus inutile et la plus dangereuse pour le corps social.

Qu'on se donne la peine de lire les *Considérations* de

M. Shéridan sur le gouvernement qui s'établit en Suède après la mort de Charles XII. On y verra, peint des couleurs les plus vives, l'état déplorable où la Suède se trouvait réduite par tous les abus d'une aristocratie aussi injuste que tyrannique.

C'est au milieu de toutes ces agitations aristocratiques qu'un prince, à l'âge de vingt-cinq ans, osa former le noble projet d'être le premier citoyen de sa patrie, et d'affranchir tout-à-la-fois son trône et son pays. Seul il forma ce noble projet, et, plus heureux que Henri IV, plus heureux encore que Wasa, son aïeul et son modèle, il l'exécuta sans qu'il en ait coûté un regret à la vertu, une larme à l'humanité. Ce fut le triomphe d'une volonté juste et ferme, d'un caractère aussi grand que sensible, d'une éloquence aussi douce que puissante, mais encore plus le triomphe d'un de ces élans de courage dont l'âme des Héros est seule susceptible et qui suffit pour faire reconnaître leur empire. C'est cette inspiration divine que l'on sent dans le premier discours de ce prince à ses gardes : « *Je suis obligé de défendre ma propre liberté et celle du royaume contre l'aristocratie qui règne. Voulez-vous m'être fidèles comme vos ancêtres l'ont été à Gustave Wasa et à Gustave Adolphe? Alors, je risquerai ma vie pour votre bien et celui de mon pays.* »

On ne peut lire sans attendrissement le récit de toutes les preuves de clémence, d'humanité, d'attention sensible et délicate que donna ce jeune roi dans la fameuse journée qui décida de son trône et de sa patrie.

Plus on est touché des vertus déployées dans cette heureuse révolution, plus on frémit en réfléchissant à toutes les circonstances qui pouvaient en arrêter le succès. La nuit même qui précéda la fameuse journée, le roi vint à l'arsenal pour le visiter, et donna ordre au soldat de le laisser entrer ; le soldat le refusa : *Sais tu à qui tu parles ?* lui dit le roi ; *Je le sais*, répondit le soldat, *mais je sais aussi quel est mon devoir.* Si l'écuyer du palais, par un motif semblable, eût refusé au roi les chevaux dont il avait besoin pour le transporter dans tous les quartiers de Stockholm et se faire entendre du peuple assemblé sur la place publique, cette seule opposition eût suffi pour perdre ce héros et faire triompher l'aristocratie.

Si l'infortuné Louis XVI eût pris une semblable résolution pour échapper aux intrigues de l'œil de bœuf, le peuple l'eût porté en triomphe, et la France n'aurait pas vu mourir sur un échafaud le plus juste et le plus généreux des hommes.

Le peuple français aime ses rois ; il ne leur demande que justice et liberté ; je le sens par moi-même, qu'on n'accusera pas d'être courtisan, la vue d'un bon prince me pénètre et m'électrise. L'aristocratie ne les aime que conditionnellement, et si l'on veut bien se reporter à l'ordonnance du 5 septembre, on se rappellera les injures grossières que vomissaient contre le roi ses propres serviteurs ! Pour ma part, j'en ai entendu d'atroces, et je sais maintenant dans quelle balance il faut peser les *vivat* des aristocrates.

NOTE DE LA PAGE 3o3.

(*c*) Le petit factum que je publiai le 1o juin 1823, et qui paraît avoir blessé tant de gens, me tombe sous la main, je le relis, et malgré moi je ne puis m'empêcher de rire. Je vais le mettre sous les yeux de mon lecteur, qui, s'il a la bonté de le parcourir, devra se rappeler qu'il est imprimé depuis un an. Je dus prendre, à cette époque, le ton railleur, pour éviter de jouer le rôle d'un délateur ou d'un conspirateur; je n'étais fait ni pour l'un ni pour l'autre, et beaucoup de gens, qui clabaudaient contre moi, doivent aujourd'hui me savoir gré de mon silence.

Onze mois ont suffi pour accomplir ce que j'ai prédit sous les voûtes du temple de Thémis, à mes trois persécuteurs; c'est trop long, la justice devrait arriver moins lentement.

Mémoire pour le sieur F..... V....., contre M. le comte ....., pair de France.

J'étais loin de m'attendre que mon début dans les débats judiciaires m'offrirait un athlète aussi vigoureux, aussi persévérant que l'est M. le comte .... Si je n'avais encore à lutter que contre lui, son influence politique mise à part, ce n'est qu'un homme, et la justice humaine est là pour en faire raison; mais M. le comte n'est pas isolé, quoiqu'il paraisse seul au procès; il a pour éclaireurs vigilans Mme. la comtesse, son épouse, et MM. le vicomte et le baron de ...., ses deux fils.

Je commence par déclarer sous la foi du serment, et je défie qui que ce soit de prouver le contraire,

1°. Que je n'ai jamais adressé la parole à M. le comte ...., et que je n'ai vu sa personne qu'à la présidence des cent jours et au dîner de noces de M. Degousée;

2°. Que je n'ai jamais eu le bonheur d'apercevoir les traits de Mme. la comtesse ;

3°. Que je ne connais M. le vicomte .... que par les tentatives qu'il a faites et fait faire auprès de moi pour traiter du titre d'administrateur de la tontine ; que je ne dois rien à la tontine ; que je n'y ai jamais eu le maniement d'un denier, et qu'au contraire je suis son créancier de plus de 40,000 fr., par compte arrêté par mes successeurs.

M. le comte m'intente un procès que je crois injuste (1). Mme. la comtesse et M. le vicomte, son fils, ne se contentent pas des voies judiciaires ; ils déchaînent contre moi tout ce que la calomnie a de plus envenimé pour masquer le véritable litige ; ils font agir les gens à leur solde, et ces gens sont nombreux ; car M. le comte et Mme. la comtesse ont des intérêts dans la plupart des associations de Paris, depuis le *Constitutionnel* jusqu'à la caisse des artisans. Mme. la comtesse, pénétrée qu'il n'y a de bien fait que ce qu'on fait soi-même, se transporte de sa personne, avec sa livrée, ses gens, ses titres et ses armes, chez mon agent de change, chez mon notaire et chez les personnes avec lesquelles on me suppose des relations d'intérêt ; là, elle fait du bruit, s'emporte contre moi ! Tant de fiel entre-t-il dans.......
—J'aurais pu rompre le silence depuis six mois et faire cesser ce scandale ; mes lecteurs attentifs apprécieront

---

(1) Le procès que m'intente M. le comte .... a été jugé contre lui dans une espèce absolument identique, le 23 août 1820, entre Saint-Didier et Chazal. — Cour de cassation, arrêt rapporté par Sirey.

le motif qui m'a fermé la bouche; mais comme il est un terme à tout, et que l'ingratitude, quelque couleur qu'elle se donne, n'en est pas moins ignoble, je vais parler.

J'étais administrateur et propriétaire, pour un tiers, de la Tontine perpétuelle d'amortissement; cet établissement prospérait, les recettes étaient abondantes, et tout annonçait un grand accroissement, lorsque M. Bricogne lança, dans le *Journal des Débats*, un article piquant, spirituel et vrai sous quelques rapports; je lui répondis, la lutte s'engagea, et deux partis se formèrent dans Paris pour et contre la Tontine. Ce combat était légal, et j'avoue que je le soutenais tout en professant une grande estime pour les raisons et le talent de mon adversaire.

Pendant la durée de cette discussion polémique, un jeune homme que j'avais connu à Surêne, à son retour des armées, vint un matin chez moi pour m'annoncer qu'il perdait, pour opinion politique, une place de commis, qu'il remplissait à l'administration des prisons; je pris part à cet événement avec d'autant plus de raison que je le savais dénué de toute espèce de ressource : il avait sa mère à sa charge, et son frère venait d'épouser la fille de mon jardinier. Je lui demandai ce que je pouvais faire pour lui; il me répondit qu'il dépendait de moi de faire sa fortune, et que si je voulais faire une démarche auprès de M. Guéroult de Fougère, mon collègue, il traiterait de son titre d'administrateur de la Tontine. Je lui fis observer que ce titre lui coûterait beaucoup d'argent; mon observation ne l'arrêta pas, et trois jours après il compta à M. Guéroult de Fougère 85,000 fr. en espèces, qu'il me dit tenir de MM. le comte .... et Sauquaire-Souligné, homme de lettres. Ce traité était à peine signé que M. Dégousée, nouvel administrateur de la Tontine, épousa Mlle. Souligné, sous le patronage spécial de M. le comte ....; l'acte civil et le contrat de mariage en font foi.

Peu de jours après ce mariage, je vis arriver à la Tontine M. Sauquaire-Souligné avec une réponse à Bricogne, qui n'était qu'un tissu d'injures personnelles, de grossièretés indignes même d'un homme ordinaire; j'en fis justice, et je m'aperçus que j'avais blessé l'amour-propre de l'écrivain.

Encore quelques jours, et je vois arriver M. Sauquaire-Souligné avec un plan de tontine qui, d'abord, détruisait le nôtre, et qui la remplaçait par une véritable tontine propagande; tous les peuples de l'Europe se trouvaient liés par ce pacte; tous se communiquaient par le centre commun qu'on appelait *tontine*; les Portugais et les Polonais, les Espagnols et les Américains, enfin on m'insinua que ce projet ne pouvait que réussir puisqu'il avait le consentement de M. Oliveira, ambassadeur de Portugal.

Je me creusai le cerveau pendant plus de huit jours sans pouvoir me rendre raison de ce projet. Je n'avais pas le mot de l'énigme; je n'y vis qu'une folie; cependant je devins réservé, et dès ce jour je cessai même les visites de politesse chez M. Sauquaire.

J'aime la liberté légale; je ne dois rien aux divers gouvernemens qui se sont succédé en France; je ne tiens d'eux ni fortune, ni décoration, ni titres; je me crois libre, et je le suis; mais cette liberté m'impose l'obligation d'obéir aux lois et de respecter le pouvoir.

Ce fut à-peu-près en ces termes que je m'expliquai avec M. Sauquaire.

Dès ce moment tout devint mystérieux ; je m'éloignai sans rien dire, il m'était impossible de résister, on faisait de la politique transcendante en partie double ; certains commis étaient dans la confidence et blâmaient hautement ce qui se passait sous leurs yeux ; on les chassa, je n'avais d'ailleurs que ma voix.

Mon éloignement fut remarqué, on craignit quelque indiscrétion, un trait d'humeur ; on me fit des propositions pour la cession de mes droits ; je les acceptai, et depuis je n'ai pas mis le pied à la Tontine, et je me suis tu.

Il fallait colorer ma sortie aux yeux du public, qui connaissait les efforts que j'avais faits pour soutenir cet établissement, et peut-être l'utilité de ma présence ; le moyen fut expéditif, Bazile l'avait trouvé merveilleux : on se servit de la calomnie, il en reste toujours quelque chose. Ainsi donc, j'avais été forcé de quitter la Tontine par ordre supérieur ; j'emportais la caisse, j'étais en faillite ; M. le comte ...., M. Dégousée et un M. Beaudouin, attaché au *Constitutionnel*, devaient être les commissaires de ma faillite ; le noble pair en personne fut visiter les juges du tribunal de commerce. Cet infernal moyen était absurde : je n'étais ni banquier, ni négociant ; je ne pouvais pas être en faillite, et l'influence du noble pair vint échouer devant la force et la nature des choses.

Pendant que ces manœuvres se passaient, j'avais tous les jours douze ou quinze espions à mes trousses ; la police, qu'on avait excitée par ce moyen, faisait des visites chez moi pour y découvrir M. Sauquaire, prévenu d'un crime politique, et que je n'avais pas vu depuis six mois ; ce ne fut que par les journaux anglais que j'appris que M. Sauquaire avait échappé aux recherches de la police de France, et qu'il allait porter sa grande Tontine en Portugal.

C'est de ce chaos de turpitudes qu'est sorti le procès qui m'est intenté par le noble pair ; examinons les moyens de l'attaque, et défendons-nous.

Les liaisons intimes qui existent entre la famille .... et la famille Sauquaire-Souligné sont de notoriété publique. Je ne cherche point à approfondir la source de ces liaisons, j'énonce un fait.

M. Dégousée, même antérieurement à son mariage, comptait beaucoup sur la protection du noble pair, qui fut l'ami de son père dans le cours de la révolution, et cette protection ne fut pas stérile, puisqu'il en obtint une somme considérable pour traiter avec M. Guéroult de Fougères.

Ce patronage dure encore, ce qui laisse au moins présumer que M. Dégousée n'est pas tout-à-fait indépendant du noble pair dans l'administration de la Tontine. M. le comte a d'ailleurs un goût particulier pour les tontines et autres établissemens de ce genre ; sa philantropie est inépuisable pour cette sorte d'opérations.

La Tontine perpétuelle d'amortissement est un établissement public, autorisé par ordonnance royale, qui permet aux particuliers de mettre des fonds en communauté pour acheter des rentes, et d'en donner la jouissance au *plus vivant*, la survivance pour le fonds réservée à l'État.

Les fonds versés dans le cours de la journée, sont remis à l'agent de change, qui achète des rentes au cours du jour, et qui remet son bordereau d'achat le lendemain.

Quatre censeurs et un commissaire du roi tiennent la main à ce que le caissier de l'administration ne se couche jamais avec la disponibilité d'un centime.

Les rentes acquises jour par jour sont inaliénables, et trois forçats, tirés tout exprès du bagne de Toulon pour administrer la Tontine, ne pourraient pas nuire au public, tant les précautions sont fortes et régulières.

L'ordonnance royale alloue aux trois administrateurs un salaire de 5 pour cent sur chaque mise, et la jouissance pendant leur vie du dixième des extinctions.

C'est ce salaire fixe, déterminé, et l'expectative certaine des extinctions, que les trois administrateurs qui y avaient droit, chacun pour un tiers, mirent en communauté avec la faculté de l'aliéner par trois centièmes pour les besoins du service administratif.

Trois cents actions au porteur furent créées, et donnèrent droit au porteur à 1 *trois centièmes* du salaire fixé par l'ordonnance royale.

Tant que les anciens administrateurs, et notamment moi, firent partie de l'administration, les répartitions des cinq pour cent furent faites régulièrement entre les cessionnaires ou porteurs d'actions, et personne ne se plaignait.

Depuis quinze mois M. Dégousée reçoit, administre et ne paie personne.

Le noble pair aurait pu demander des comptes à ses cédans, mais comme le contre-coup eût atteint M. Dégousée, M. le comte a voulu éviter ce suicide.

Le noble pair imagina un moyen qui permet à M. Dégousée de jouir impunément des bénéfices attachés à la Tontine, sans reddition de comptes.

Il attaque les anciens administrateurs, les considère comme des hommes de négoce, et les traduit devant le tribunal de commerce, pour faire déclarer nulles les actions, et se faire rembourser le montant de ces actions sur le pied de 2,000 fr. chacune, et il y en a eu de négociées au cours de 300 fr.

J'essayai de me défendre devant ces juges consuls qui n'ont jamais pu ni dû être mes juges, je voulus même les visiter, mais les avenues étaient fermées ; le noble pair, madame la comtesse et M. le vicomte leur fils, m'avaient délivré une patente en bonne forme, et je fus condamné par corps à payer ce que je n'ai jamais reçu, et ce que M. le comte ne m'a jamais versé, car je le défie d'articuler une preuve de négociation entre lui et moi.

Une société commerciale suppose toujours vente et achat d'industrie ou de matières ; c'est le mouvement ; la Tontine n'est que la mort ; tout y est fixe, invariable, intransférable ; le salaire même ne peut être dans aucun cas augmenté ni modifié ; et cependant le tribunal de commerce a vu du négoce dans cet établissement. C'est bien là le bon curé qui voyait le clocher d'une cathédrale dans la lune.

J'espère que devant mes juges naturels, devant la cour royale, mon défenseur pourra développer les moyens de droit que je crois invincibles. Nous sommes devant des juges au-dessus des petites passions et des petites vanités de la boutique ; on m'écoutera par l'organe de mon avocat, et je n'aurai à craindre que les bonnes raisons, ce qui devrait dispenser le noble pair, madame la comtesse, et leur noble fils, de l'étalage de leur jeune livrée et de leurs sollicitations ridicules, pour ne pas employer une autre expression.

Je fis un second mémoire, le 24 juin, dans lequel on trouve les passages suivans...

J'ai dit dans mon précédent mémoire, qu'on a qualifié de libelle, tout ce que j'avais à dire sur les relations que j'avais eues avec M. le comte. Le point de droit qui nous divise a été trop bien traité par les trois avocats chargés de ma défense et de celles de MM. Denuelle Saint-Leu et Fougère, pour que j'entreprenne d'y ajouter ; mais il me reste à éclairer la marche de deux prétendus innocens : je vais l'essayer, sauf à y ajouter, si les circonstances le rendent indispensable.

Un libelle ! contre qui ? serait-ce par hasard contre M. Sauquaire-Souligné, l'âme, le génie invisible qui a porté la désolation dans la Tontine ; l'homme qui, par ses machinations secrètes et ses idées gigantesques, l'a paralysée ? L'événement n'a-t-il pas justifié mes pressentimens ? devais-je suivre son allure, me porter son délateur ou me retirer ? Ma conscience me prescrivait ce dernier parti, je le pris et je n'en ai pas de regrets, quoiqu'il ait été la source de tous les événemens qui ont fondu sur moi depuis cette époque. Qui a le droit d'imposer ses opinions à autrui ? de qui émane la mission de tout exagérer pour rendre le vrai haïssable ? et quand l'esprit d'intrigue se mêle aux opinions humaines, est-il défendu de se défier ?...

Séance du 12 mars. — Chambre des Députés.

EXTRAIT.

« Le sieur Sauquaire-Souligné a demandé à M. Bec-
» quey, d'être employé dans la police. »

Demandez la suppression de ce que vous appelez mes libelles, obtenez-la, si la justice trouve que j'ai eu tort, mes remarques n'en subsisteront pas moins.

L'avocat, chargé de la défense de MM. Dégousée et Maitrejean, a trouvé piquant de faire rouler son plaidoyer sur des injures, sur des pronostics; qu'à défaut de bonnes raisons, il eût semé quelque équivoque dans son exorde ou dans sa péroraison, c'est l'usage, c'est même du récitatif obligé; mais le trop est trop; il a été plus heureux dans la peinture qu'il a faite de l'innocence de ses modestes cliens. Je vais faire chorus avec lui.

Je n'abuserai pas plus long-temps de la patience du public et de mes juges. J'ai voulu démontrer que je n'avais tiré aucun avantage de la Tontine, et que je l'avais administrée dans l'intérêt des actionnaires; les aveux de mes adversaires, les comptes, les quittances que j'ai dans mes mains, l'opinion des censeurs qui louent mon administration et blâment celle de mes successeurs, les faits qui parlent, me suffisent.

Trois frelons se sont introduits directement et mysté-rieusement dans une véritable ruche à miel; ils l'ont ra-vagée; ils en ont fait un tripot politique; ils n'y ont apporté que leurs besoins, leur nullité et l'intrigue, compagne assidue des dévorateurs sans moyens.

Ils m'ont suivi dans la prospérité; l'homme indus-trieux et entreprenant a toujours autour de lui cette tourbe de parasites qui n'attendent que le moment op-portun pour accabler ce qu'ils ont encensé.

Ils m'ont suscité des embarras; ils se sont mis à la tête de mes persécuteurs; ils m'ont payé par la plus noire ingratitude; je leur pardonne, parce que nul être créé ne peut mentir à son instinct.

Vous vous abusez, MM. Dégousée et Maitrejean, et vous cherchez à abuser vos juges et le public; il ne m'est pas indifférent de perdre mon procès; votre système de délation et de spoliation sera dévoilé; sachez-moi gré de mon silence; si je n'écoutais que mon juste ressentiment et l'impatience de ma plume, les voûtes du palais retentiraient long-temps de votre félonie.

DERNIÈRE PRÉFACE.

J'avais promis à mes lecteurs une bouteille de piquette, je crois avoir rempli ma promesse; je n'ai point eu la prétention de donner un modèle de style : l'art d'écrire s'apprend et se perfectionne comme l'art des Viotti et des Rhode, et je n'ai ni appris ni perfectionné. Bien voir et bien penser sont autre chose; ces deux facultés sont tout-à-fait indépendantes de l'art d'écrire; j'en puiserais la preuve dans les trois ou quatre colonnes de prose, assez bien tournée, dont nous régale quotidiennement tel journal que je ne veux pas nommer, et pour cause.

J'ai employé quelques expressions que les lois positives de l'usage réprouvent: si cependant ces expressions sont douces à l'oreille, sensibles à l'imagination, si la pensée les sollicite et si le besoin les autorise, si enfin le tour en est animé, précis, naturel, énergique, qu'importe la servitude de l'usage, surtout si, par elles, on évite une épithète lâche et diffuse?

« Rien ou presque rien de la langue du grand Pascal, n'a vieilli; cela prouve un goût pur et sévère, mais trop sévère et trop exquis. Pascal, en épurant notre langue, l'a, pour ainsi dire, passée dans un tamis trop fin. »

Pascal a bien d'autres beautés que l'enveloppe de sa pensée; le temps est venu de le méditer, de l'approfondir et de le traduire en langage tudesque; il a besoin de missionnaires qui puissent le faire comprendre à toutes les classes de la société.

Nos *Bridaine* modernes ne portant pas la parole devant les rois, n'ont besoin ni de la sublime ni de la suave éloquence des Bossuet et des Massillon; ils ne se piquent pas de purisme, ils vont droit à leur but, et vendent de la piquette pour du vin de *lacryma-christi*.

Il est si facile de tromper, en matière d'opinions, des gens simples et grossiers, qu'il est de devoir rigoureux, pour tout publiciste, de se mettre à leur portée, pour qu'ils puissent le comprendre et se préserver des piéges qu'on tend à leur crédulité.

Voici la preuve de ce qu'on peut obtenir d'une multitude égarée.

Pendant les cent jours, deux gentilshommes de ma province (l'un avait émigré, et l'autre n'avait fait de service que dans l'antichambre de Napoléon) se disputaient pour savoir si les paysans de . . . . signeraient l'acte additionnel.

Le vieil émigré. — Ils ne signeront pas cet acte infâme.

Le chambellan. — Ils signeront tous.

Le chambellan, s'adressant aux paysans qui sortaient de la messe, et leur parlant patois :

« Mes amis,

» J'invite ceux qui ne veulent ni dîmes, ni » rentes, ni droits féodaux, à signer l'acte addi » tionnel, ou à y mettre leur *croix* en signe d'ap » probation. »

Ils signèrent tous.

Le chambellan est pair de France, et le vieil émigré attend, sans doute, son indemnité.

FIN.

ERRATA.

Page 42, ligne 20, au lieu de : *trifauci*, lisez : *trefauci*.

Page 97, épigraphe, au lieu de : *O matris pulchræ, etc.*, lisez : *O matre pulchra, filia pulchrior.*

Page 144, lig. 17, au lieu de : *tribundi*, lisez : *tribuendi*.

Page 154, lig. 15, *au lieu de :* qui en recensait, *lisez :* qui recensait.

Page 177, lig. 1re., au lieu de : *sirenze*, lisez : *firenze.*

CHAPITRE V.

CHAPITRE VI.

CHAPITRE VII.

CHAPITRE VIII.

CHAPITRE IX.

CHAPITRE X.

CHAPITRE XI.

CHAPITRE XII.

CHAPITRE XVI.

CHAPITRE XVII.

FIN DE LA TABLE DES MATIÈRES.

www.ingramcontent.com/pod-product-compliance
Lightning Source LLC
LaVergne TN
LVHW050206030726
842520LV00002B/402